W0247676

Ingeborg Kuhl de Solano

zwischen Knast und Staastsempfang

Ingeborg Kuhl de Solano

Zwischen Knast und Staatsempfang

Aus dem spannenden Leben einer Dolmetscherin und Übersetzerin

Bibliografische Informationen der Deutschen Bibliothek: Die Deutsche Bibliothek verzeichnet diese Publikation in der Deutschen Nationalbibliografie; detaillierte Dateien sind im Internet über http://dnb.ddb.de abrufbar.

Impressum:

© Verlag Kern GmbH, Ilmenau
© Inhaltliche Rechte beim Autor
1. Auflage, Dezember 2020
Autorin: Ingeborg Kuhl de Solano
Layout/Satz: Ute Schmidt, werbepunkt
Lektorat: Heike Funke
Sprache: deutsch
ISBN: 978-3-95716-338-7
ISBN E-Book: 978-3-95716-357-8

www.verlag-kern.de

Das Werk ist urheberrechtlich geschützt. Nachdruck, Übersetzung, Entnahme von Abbildungen, Wiedergabe auf fotomechanischem oder ähnlichem Wege, Speicherung in DV-Systemen oder auf elektronischen Datenträgern sowie die Bereitstellung der Inhalte im Internet oder anderen Kommunikationsträgern ist ohne vorherige schriftliche Genehmigung des Verlags auch bei nur auszugsweiser Verwendung strafbar.

Inhalt

Vorwort 7

Kapitel 1
Kurzüberblick zu Privat- und Berufsleben 11

Kapitel 2
Aus meinen freiberuflichen Anfängen 35

Kapitel 3
Staat, Land, Stadt 43

Kapitel 4
Konsulate spanisch-sprachiger Länder
in Frankfurt/Main 65

Kapitel 5
Allgemeines zu den Bereichen Übersetzen
und Dolmetschen 81

Kapitel 6
Zunehmender Bedarf an Fachkräften für Spanisch
ab den 1960er-Jahren 95

Kapitel 7
Personen und Persönlichkeiten,
denen ich begegnete 109

Kapitel 8
Lehren 115

Kapitel 9
Theater, Musik, Tanz, Kunst 135

Kapitel 10
Literarisches 155

Kapitel 11
Alle Zeitungsartikel zu Aktivitäten/Lesungen 169

Kapitel 12
Reisen 173

Nachwort 192

»Eines ist es, ein Leben zu beschreiben,
und etwas anderes,
es auch so intensiv und glücklich
wirklich gelebt zu haben.«

*I*ch widme dieses Buch in großer Dankbarkeit allen meinen engsten, treuesten, langjährigen Freunden, Menschen mit großen Herzen voller Wärme und Liebe für mich. Jeder eine Welt für sich, eine Persönlichkeit.

Sie wissen natürlich schon sehr viel über mich, jeder ab dem Moment, wo wir uns kennenlernten; aber das betrifft überwiegend die Zeit meines Lehrens.

Doch was wissen sie über meine beiden anderen beruflichen Schwerpunkte, das Übersetzen und das Dolmetschen?

Dazu wollte ich ihnen im Dezember 2019 anlässlich meines 85. Geburtstages eine kleine bebilderte Zusammenstellung schenken: Einblicke für sie und Rückblicke für mich.

Zur Auswahl befasste ich mich mit meinen umfangreichen Fotos und alten Unterlagen und ging unausweichlich meine eigene Lebensspur entlang zurück bis an ihre Anfänge. Das Leben beginnt ja nicht mit dem Beruf, sondern nach neun Monaten im Mutterleib und dann im Schoß der Familie, mit Erziehung, Schule, Ausbildung; es ist ein langer Weg vom Entstehen und Werden bis hin zum Sein, von den in uns schlummernden Genen zahlreicher Vorfahren bis zur eigenen Ausprägung.

Aus dem von mir so hochbewunderten, weil unermesslich reichen Schatz unseres Gehirns sprudeln ja so unermesslich viele Erinnerungen hervor, wie man es sich kaum vorzustellen vermag, und es ist nicht einfach, sie so weit und gut wie möglich zu minimieren und zu versachlichen.

Und so entsteht im Nu eine wahre Dokumentation, auch für andere. Doch warum eigentlich nicht? Wer weiß denn schließlich überhaupt etwas über diese beiden Berufe, noch dazu in früherer Zeit? Wie sieht denn die Praxis derselben aus, und wie wurden sie von der Person, die dahintersteckt, ausgeübt?

Das Buch wurde folglich nicht fertig wie geplant, sondern erst im Folgejahr, und brauchte mehr Zeit, als ich mir vorgestellt hatte. Ein Werk will eben werden, wachsen und reifen – wie eine Frucht …

Geburtstagsfeier im Lokal »Mongolei« in Bad Vilbel (12/2019). Meine Freunde aus dem Frankfurter Raum waren:

Stehend, von links nach rechts: Nena R. M., Franziska R., Gebriele Br., Doris N.Br., Juliane A., Mari-Carmen G.F., Ele Kr., Edgar Fl., Reinhard K., Nicole-Yvette Fl. (ihr Ehemann Javier P. fotografierte)

vorn, sitzend: Ingeborg KdS. (die Autorin), die Tochter von Nicole-Yvette, Brigitte W.-K.

früher gegangen: Dorothea A., Diana F.

verhindert: Gisela L., Catharina J., Anne B., Tina S., Isabel D., Gerhard Str.

Ursprünglich wollte ich diesen meinen Geburtstag auch an einem anderen Ort feiern, und zwar so, wie ich es schon mehrmals bei früheren Feiern getan hatte, nämlich verbunden mit einem kleinen Klavierkonzert »From Classic to Jazz«, mit Schubert, Beethoven, Czardas, Gershwin, Bizet und dem »Concierto de Aranjuez« des Spaniers Joaquín Rodrigo. Doch all das ist mit einigem Aufwand verbunden, und so entschied ich mich schließlich schlicht und einfach für ein gemeinsames Mittagsmenü im schönen Lokal »Mongolei« in Bad Vilbel. Und es wurde trotz allem ein wunderbarer Geburtstag. Alle fühlten sich wohl und gingen sehr zufrieden nach Hause.

Anmerkung der Autorin:

Für die Berufsangaben werden in diesem Text der Einfachheit halber stets nur die maskulinen Formen verwendet, also Dolmetscher, Übersetzer etc.

Kapitel 1

Kurzüberblick zu Privat- und Berufsleben

$\mathcal{M}$ein Privatleben soll nicht Gegenstand vorliegender Beschreibungen sein. Es verlief aber natürlich parallel neben meinem Berufsleben; und es bescherte mir freudige Höhen, aber auch schmerzliche Tiefen. Zusammengefasst kann ich zu all dem nur dies vorausschicken:

Ich entstamme einer einfachen, aufrichtigen, fleißigen Familie, die das Schöne liebte und pflegte und versuchte, aus allem das Beste zu machen. Und dann ist es bei uns Menschen ja genauso, wie es sich auch in der Natur vollzieht:

> *Aus Wurzeln heraus erhebt sich ein Stamm.*
> *Aus dem Stamm heraus erwachsen Zweige.*
> *Aus den Zweigen sprießen Blätter und Blüten;*
> *und Blüten erbringen Samen.*

Meine Kinderjahre und meine Jugendzeit spielten sich in der Zeit vor dem und während des Zweiten Weltkrieges und der entbehrungsreichen Nachkriegszeit ab. Dazu gehörten auch zwei Jahre Evakuierung auf dem Land während der schlimmen Bombardierungen in Frankfurt/Main und für mich und meine viereinhalb Jahre jüngere Schwester der Verlust unseres für immer in Russland vermisst gebliebenen Vaters; und danach die tägliche Entbehrung unserer Mutter, die wieder in ihrem früheren Beruf als Sekretärin arbeiten gehen musste. Man kann aber über diese Zeit viele Details nachlesen in meinem ersten sowie fünften Buch »Durch die Wolken zu den Sternen« und »Junge Liebe«. Das erste ist eine große Biografie über unsere Mutter und ihre Zeitgeschichte (1910–1980) und das zweitgenannte betrifft meine jungen Jahre.

Mein Werdegang begann ja in einer Zeit, in der in vielerlei Hinsicht noch ganz andere Voraussetzungen bestanden, auch was Schule betraf.

So gingen damals Kinder aus einer einfachen Familie während der gesamten achtjährigen Schulpflichtzeit auf die noch »Volksschule« genannte Grundschule und während ihrer anschließenden Lehrzeit bis zu ihrem 18. Lebensjahr auf eine ihrer Ausbildung entsprechende Berufsschule, bevor ihr eigentliches Arbeitsleben begann.

Leicht besser situierte Eltern, zum Beispiel selbstständige Geschäftsleute, schickten ihre Kinder ab der fünften Klasse meist auf die damals noch »Mittel-schule« genannte Realschule, wo sie die sogenannte mittlere Reife erlangten. Dort wurden praktische Kenntnisse für Wirtschaft, Büro und Handwerk sowie Grundkenntnisse in Englisch und/oder Französisch vermittelt.

Und Kinder aus einem akademischen Elternhaus, die auch ihrerseits mal studieren sollten, besuchten wie selbstverständlich eine »höhere Schule«, ein damals noch für Jungen und Mädchen getrenntes Gymnasium, wo bis zum Abitur propädeutische Grundlagen für ein Universitätsstudium gelegt wur-den. Mädchen konnten erst ab 1900 ein Abitur ablegen und studieren; aber deren Eltern fanden ohnehin – nach wie vor – meistens, dass es für sie reichen würde, wenn sie das Gymnasium mit der Obersekundareife verlassen würden, weil sie ja bald heiraten würden.

Für die beiden letztgenannten Schularten war allerdings damals noch ein sich leicht unterscheidendes Schulgeld zu zahlen, was nicht alle Eltern konn-ten, zumal wenn sie mehrere Kinder hatten, sodass meist doch nur Jungen in den Genuss einer diesbezüglichen Schulbildung kamen.

Bei mir ergab sich im Jahr 1946, gleich nach dem Zweiten Weltkrieg, ein begrüßenswerter Ausnahmezufall: Dank einer Mäzenin, die das noch einige Jahre lang zu zahlende Schulgeld für mich entrichtete, wurde es mir zwar mög-lich, ein Gymnasium zu besuchen; aber aufgrund der traurigen Situation, dass unser Vater nicht mehr aus dem Krieg zurückkehrte und unsere Mutter gleich nach dem Krieg wieder arbeiten gehen musste, besuchte ich das Gymnasium nur bis zu der gerade angesprochenen Obersekundareife. Das Bestreben mei-ner Mutter war notgedrungen, dass ich möglichst bald einen Beruf ausüben könnte, auch um im Notfall schon meine jüngere Schwester mit ernähren zu können, was sehr verständlich war.

Da mir das Lernen zum Glück nicht schwerfiel, konnte ich damals nebenbei

Stenografieren und Schreibmaschineschreiben erlernen, ersteres nach dem gleichen System wie dem meiner Mutter, nämlich Stolze-Schrey, und das zweite nach dem Zehnfinger-Blindschreibesystem, was mir als Klavierspielerin keinerlei Mühe machte. Ich praktizierte übrigens beides mein ganzes Leben lang, bis heute, und es waren immer wichtige Bestandteile bei der Ausübung meiner verschiedenen Berufe.

Zum Stenografie-Erlernen genügte eine kleine Anregung meiner Mutter, die ja vorzüglich, flott und gern stenografierte und dies in ihrem Beruf wie privat täglich anwendete. Da sie auch sehr sauber schrieb, kann ich ihre Notizen aus so lange zurückliegenden Jahren sogar heute noch lesen. Mich begeisterte diese Art »Geheimschrift«, mit der man alles festhalten konnte, ohne dass irgendjemand um einen herum es entziffern konnte. Und schnell ging es ja auch; man sparte immer mehr Zeit, besonders in der Schule, um all das mitzuschreiben, was Lehrer so von sich gaben.

Meine ersten Kenntnisse dieser »Geheimkunst« erlangte ich bei einem lieben, älteren Herrn, der einst sogar noch Mutters Stenolehrer war. Seine Art, wie er lehrte, machte mir und zwei weiteren Mädchen, ebenfalls Töchter alter Stolze-Schreyaner, viel Spaß. Diesen Privatunterricht bei ihm zu Hause setzte ich danach bei weiteren Exlehrern meiner Mutter fort, auch um immer höhere Geschwindigkeiten zu erlangen, denn bei Wettschreiben dieses Vereins konnte man auch Preise gewinnen – etwas sehr Reizvolles für junge Menschen.

In späteren Jahren eignete ich mir dann auch noch selbstständig an, englisch und spanisch zu stenografieren.

Und so kam es, dass ich bis heute alles, was ich schnell festhalten möchte, stenografisch notiere, bevor es vielleicht in die Schreibmaschine gelangt.

Und auch bezüglich des Schreibmaschineschreibens war meine Mutter wiederum ein vorzügliches Vorbild: Sie beherrschte diese Kunst mit größter Schnelligkeit, und dies seit ihrer Jugendzeit auf einst noch uralten Schreibmaschinen. Sie schwärmte ihr ganzes Leben lang von ihrer alten »Adler«, genauso wie sie in recht fortgeschrittenen Jahren noch einmal an einem Steno-Wettschreiben teilnahm und dank ihrer fantastischen Geschwindigkeit voller Stolz erneut einen Preis gewann. In ihrem wieder aufgenommenen Beruf musste sie ja täglich beide Fähigkeiten anwenden.

Auf diesem ihrem Arbeitsplatz hatte sie aber auch laufend gute Beziehungen zu vielen Menschen mit ebenfalls interessanten Tätigkeiten; und zu diesen gehörte auch der Inhaber eines Büromaschinen-Großhandelsbetriebs, der später (ab 1970) sogar Hessischer Ministerpräsident wurde: Albert Osswald! Zu ihm sollte ich mal gehen, meinte meine Mutter, er würde mir weiterhelfen. Forsch begab ich mich in sein Geschäft in der Frankfurter Innenstadt, und zu meiner Überraschung bat er mich gleich an eine Schreibmaschine jener Zeit, also eine mechanische, und wies mich an, meine Hände auf die Tastatur zu legen, mir aber zuvor einzuprägen, wo welche Buchstaben sind. Als ich meinte, mir alle gemerkt zu haben, legte er über meine Hände ein Tuch und lehrte mich, nach seinen Ansagen oder Vorlagen (das weiß ich nicht mehr genau) die Worte in die Tastatur einzugeben. So lernte ich von Anfang an, blind zu schreiben, und praktiziere das bis heute, auch in meinen anderen Sprachen.

Doch auch noch dies: Ich schreibe bis heute auf einer alten mechanischen Schreibmaschine, die einst, im Jahr 1955, die meine wurde; denn als ich anfing, bei der AEG als Übersetzerin zu arbeiten, wurde sie mit den für die spanische Sprache speziell nötigen Tasten versehen (aus einem spanischen Programm!); dafür entfielen andere deutsche Zeichen wie das ß. Als ich dann im Jahr 1959 meinen dortigen Job »wegen Verehelichung« kündigte, die Firma aber wollte, dass ich freiberuflich für sie weiter übersetze, schenkte man mir diese Olympia. So kommt es, dass ich seit über 60 Jahren und fast täglich auf »meiner« Maschine schreibe, sie aber auch hege und pflege, ja liebe: Denn selbst, wenn mich alle für einen »Dinosaurier« halten … ich bleibe ihr treu; und ein Computer kommt mir nicht ins Haus!

Auch das dritte Standbein für meine Berufe begann sich damals abzuzeichnen: mein Interesse an Sprachen.

Auf unserem noch reinen Mädchengymnasium gab es ausgezeichnete Sprachlehrer, ja sogar Angebote für einen Aufenthalt in den USA, wenn man das Glück hatte, dafür ausgewählt zu werden.

Zu den Lehrern gehörte auch einer, der damals eigentlich nur als ein »Pionier« bezeichnet werden konnte, denn er bot über Englisch, Französisch und Latein hinausgehend eine Arbeitsgemeinschaft für Spanisch an, was damals quasi noch exotisch war, und ich nahm begeistert an diesem Angebot teil, ohne zu ahnen, dass es mal meine Hauptfremdsprache werden würde.

Und um das Maß vollzumachen, besuchte ich während des letzten halben Jahres meiner Gymnasialzeit einen Englischkurs an der Berlitz School, der mit einer Prüfung in englischer Handelskorrespondenz abschloss. Sprachen und andere Länder interessierten mich eben schon in jenen frühen Jahren. Und dennoch konnte ich mir nicht vorstellen, mal in einem Büro zu arbeiten, hatte aber auch keine andere klare Idee, welchen Beruf ich denn ergreifen wollte. Doch all das zusammengenommen reichte schließlich aus als solide Grundlage für den von meiner Mutter so sehr erwünschten nahtlosen Übergang in einen kaufmännischen Beruf. Und diesen würde ich bei einer Firma ausüben, in der bereits einige meiner Vorfahren tätig waren, der bei uns hochgeschätzten Degussa (Deutsche Gold- und Silber-Scheide-Anstalt), in deren Stammhaus in Frankfurt/Main. Dort konnte ich sofort (ab dem 1. April 1952) alle diese erlernten Fähigkeiten anwenden: In der Abteilung »Keramische Farben« hatte ich nach Diktat oder nach Vorgaben die Korrespondenz mit den großen deutschen Porzellanfabriken und nach und nach auch mit Firmen englischsprachiger Länder zu erledigen, stets im Kreis anderer mehrsprachiger Kollegen, und das war recht anregend.

Es fehlte mir nur noch, mal andere Länder zu besuchen; und das begann dann auch sehr bald. Ich nahm nämlich als Mitglied der Frankfurter Dreikönigskantorei an einer Konzertreise nach Spanien teil, wo wir in verschiedenen Städten große Bach-Werke zum Erklingen brachten. Dazu gehörte auch Barcelona, wo die Firma Degussa eine Vertretung unterhielt, die ich spaßeshalber kurz besuchte, zumal dort bereits ein anderer Degussaner, ein Kollege, schon tätig war. So entstand dann in mir der Gedanke, auch mal in Spanien zu arbeiten. Ich trug diesen Wunsch nach meiner Rückkehr meinem Vorgesetzten vor, der ihn – sehr zu meiner Freude – bereitwillig annahm, auch weil diese Firma gerne junge Leute förderte. Man ermöglichte mir, zwei Jahre als Auslandskorrespondentin in Barcelona zu arbeiten. Ja, man trug sogar die Kosten für meine Hinreise (erste Klasse Zug, Schlafwagen) und besorgte mir ein Zimmer bei einer sehr gut situierten Familie. Ich erinnere mich bis heute daran, wie sehr ich mein morgendliches Frühstück im Speisewagen während der Fahrt durch die Schweiz mit dem Ausblick auf diese herrliche Landschaft damals genoss. Das werde ich nie vergessen!

Auf dieser meiner zweiten Arbeitsstelle musste ich dann nach Anweisungen eines spanischen Vorgesetzten die Korrespondenz mit deutschen Firmen, sehr bald aber auch mit spanischen erledigen. Dazu gehörte, nolens volens, dass ich mir viele Floskeln der spanischen Handelskorrespondenz aneignen musste, die in Deutschland nicht üblich waren. Was ich allerdings damals noch nicht ahnte, war, dass ich sie viele Jahre später dringend benötigen würde, nämlich dann, als ich im Schuldienst junge Damen zu Fremdsprachensekretärinnen auszubilden hatte.

Zu diesen Floskeln gehörte auch das übliche Ende eines Geschäftsbriefes vor der Unterschrift:

1) »*Sin más por hoy, aprovechamos la oportunidad para quedar de Ustedes sus seguros servidores que estrechan sus manos*«, abgekürzt: *ss.ss.ss. q.e.s.m.*

Und wenn ein Herr einer Dame aus einer höheren Gesellschaftsschicht schrieb, endete der Brief sogar mit einem schriftlichen Handkuss:

2) »*... su seguro servidor que besa sus manos*«: *q.b.s.m.*

In Übersetzung wäre das zu 1) wörtlich:

»Ohne mehr für heute, benutzen wir die Gelegenheit, als Ihre sicheren Diener zu verbleiben, die ihre Hände ausstrecken«

Aber auch im deutschen Geschäftsbrief hieß es damals ja noch am Ende:

»*Hochachtungsvoll*»

Das hat sich aber ja inzwischen längst alles geändert.

Eine weitere Besonderheit – nicht nur in diesem Büro – war damals, dass es außer der Telefonistin und einer Lagerarbeiterin keine Frauen gab. Die Männer hatten auch keine Sekretärinnen, sondern schrieben ihre Korrespondenz per Schreibmaschine selbst.

Dieser Spanien-Aufenthalt hat mich für mein ganzes Leben stark geprägt, wurde zu einer generellen kulturellen Erweiterung.

Natürlich bereiste ich damals auch ganz Katalonien, die Küste wie das Inland; nur die Sprache, das Catalán, wollte ich nicht erlernen. Ich verstand es zwar immer besser, doch es gefiel mir nicht, klang nicht so schön klar wie die anderen romanischen Sprachen – trotz seiner Affinitäten zu seinen Schwestern, dem Französisch und Italienisch. Gleichzeitig entstand in mir in jener Zeit ein großes Interesse, auch andere Teile Spaniens kennenzulernen, und das würde sich im Laufe der Jahre reichlich realisieren.

Es kam mir damals sehr zugute, dass ich während meiner Gymnasialzeit an einer Spanisch-AG teilgenommen hatte, und nun galt es natürlich, diese Grundkenntnisse auszubauen. Also nahm ich sofort Unterricht in einer Sprachschule, der »Academia Suiza«. Und von deren Leiter, einem Schweizer, ging bereits nach kurzer Zeit eine für mich tolle Anregung aus, die ich in meinem späteren Leben noch intensiv ausbauen würde: Er fragte mich, ob ich nicht Lust hätte, an seiner Schule Deutsch zu lehren. Ein gewagtes Angebot an eine Zwanzigjährige! Doch unternehmungslustig wie ich bin, nahm ich sein Angebot an und lehrte zum ersten Mal in meinem Leben Deutsch für Spanier. Ich musste mich dafür natürlich gut vorbereiten. Aber nicht nur dies: Es entstand ein für mich nur sehr schwer zu bewältigendes Problem, denn ich begriff immer mehr, wie schwer die deutsche Sprache ist; sie steckt nämlich voller Unregelmäßigkeiten und voller grammatikalischer Ausnahmen. Hut ab vor jedem, der diese meine/unsere Sprache erlernt hat und spricht. Bereits damals machte ich es mir zu eigen, jeden zu loben, der sie nur halbwegs sprach. Und dieses Denken habe ich bis heute beibehalten und wende es insbesondere häufig ab der Zeit der Anwesenheit unserer sogenannten Gastarbeiter an. Und ich ärgere mich jedes Mal, wenn man erwartet, dass Facharbeiter oder Akademiker, die man nach Deutschland holen will, schnell und gut deutsch sprechen können sollen, wo dies doch bei ganz normalem Verlauf vieler Jahre bedarf und eigentlich erst den Kindern, also der zweiten Generation, gelingt, die damit von klein an aufwachsen.

Zu jener Zeit in Barcelona setzte ich übrigens auch noch etwas anderes um: Ich baute meine gelegentlich noch in Deutschland in einem Privatunterricht erworbenen ersten Russischkenntnisse ein wenig weiter auf, die ich viel später durch vier Universitätssemester ergänzte. Ich begegnete nämlich in Barcelona eines Tages einer Russin, die ihr Deutsch verbessern wollte. Da unterrichteten wir uns eine Weile gegenseitig und verständigten uns dabei auf Französisch. Die Welt ist schon manchmal sehr kurios … Damals wollte mich die deutsche Mutterfirma Degussa übrigens sogar für fünf Jahre nach Peru entsenden, was ich jedoch aus Rücksicht auf die Situation meiner Mutter ausschlug.

Als ich nach Deutschland zurückkehrte in der Hoffnung, meine erworbenen Spanischkenntnisse im Stammhaus der Degussa anwenden zu können, sagte man mir allerdings, dass die Auslandskorrespondenz in der gesamten Firma nur in Englisch erfolge. Dann würden also meine Spanischkennnisse brachliegen. Also – was tun? Doch wieder verhielt sich die Firma sehr kulant, ließ mich wissen, dass man es mir nicht übel nehmen würde, wenn ich mich anderweitig umsähe. Und das tat ich dann auch. Aber es schien mir geraten, zuvor noch eine Prüfung abzulegen, um einen Nachweis über meine Kenntnisse in der spanischen Handelskorrespondenz zu haben.

Und danach galt es, einen neuen Arbeitgeber zu finden. Eines Tages begab ich mich spontan zur Firma AEG (Allgemeine Elektrizitätsgesellschaft) und hatte unverhofft sofort großes Glück. Man suchte gerade zu diesem Zeitpunkt eine junge Übersetzerin für Spanisch, da die bisherige Person in Ruhestand ging, mich aber noch eine Weile in die ungeheuer umfangreichen und vielseitigen Aufgaben einführen sollte, die mich auf diesem Arbeitsplatz erwarteten, denn es ging um jede Menge Fachvokabular aus den unterschiedlichsten Geschäftsbereichen. Zu übersetzen waren technische, wirtschaftliche und juristische Texte; darunter Betriebsanleitungen, Handbücher, Ausschreibungen, Druckschriften, Bilanzen und Geschäftsberichte etc. – natürlich stets im Zusammenhang mit Elektrotechnik.

Da galt es sodann für mich, die ich ja keine Elektroingenieurin war (so wie alle meine dortigen – meist männlichen – Kollegen aus verschiedenen Ländern, nämlich unter anderem aus England, Irland, Frankreich, Spanien, Portugal, Griechenland, Russland, Persien, Ägypten etc.), viel mir vollkommen Neues und Schweres überhaupt erst mal zu verstehen oder es mir erklären zu lassen und mir sodann Tag für Tag eine Riesenmenge neuen Vokabulars anzueignen, es aber auch für den nächsten Fall festzuhalten. Nur – woher alle diese Vokabeln holen? Und das war ein großes Problem, denn es gab noch kaum technische Lexika für Spanisch, eigentlich nur für Englisch, oder die sechssprachigen sogenannten »Schlomänner«. Mir stand ein äußerst zeitraubendes Unterfangen bevor, denn es blieb mir nichts anderes übrig, als bereits vorhandene Texte zu durchforsten und mir eigene Vokabulare und Karteikarten anzulegen, deren Umfang von Tag zu Tag beträchtlich zunahm. Oft gelang mir das alles nur anhand bei der spanischen AEG Ibérica angeforderter Unterlagen. Die Begegnung mit so viel Technik war damals für mich als junge Frau so etwas wie geistige Akrobatik. Damit der Leser sich davon eine Vorstellung machen kann, nachstehend aus meinem ersten Vokabularheft und nur von der Spalte des Buchstabens A, deutsch, ein paar Vokabeln, die darauf warteten, von mir bewältigt zu werden.

abklemmen – angegossen – Abfangringe – Widerstandsabgriff – Schwimmerschalterabbrennkontakte – Arbeitsstromauslöser – Auflageringe – abkanten – Ansprechzähler – Anschlussstutzen – Anschlagflansch – Abtaster – Aufspann-/Abspannstation – Aufsatz-/Ansatzleuchten – Abgrenzungsposten (Bilanz) – Abbrand – aufschrumpfen – Abbildspule – Auspufftopf – Anzapfungen – Abbrennkontakt – Abwärme – aushebbar – Reibahle – Außengewinde

Außerdem war mir bis zu diesem Moment auch noch nie so klar geworden, dass Elektrizität in fast allem steckt, vom Bügeleisen und dem Kühlschrank angefangen über den weiten Bereich der allgemeinen Technik bis hin zu … Atomzentralen!

Doch diese hoch anspruchsvolle Arbeit gab ich dann im Jahr 1959 nach immerhin vier Jahren wegen Verheiratung auf, ganz so, wie man das damals

als junge Frau tat. Eigentlich schade, dachte ich, denn jetzt würde vieles, was ich mir angeeignet hatte, brachliegen. Außerdem hatte ich während dieser Zeit viele interessante Kontakte zu Kollegen aus aller Welt aufgebaut, viele Aufgaben für die Geschäftsleitung ausgeführt oder auch mal eine Gruppe spanischer Ingenieure dolmetschend durch Deutschland begleitet.

Durch meine Heirat wurde übrigens meinem Nachnamen Kuhl, also dem Namen meines Vaters, der erste Nachname meines aus Pamplona stammenden spanischen Ehemannes »Solano« hinzugefügt, der sowohl in Navarra wie auch in Castilla zu finden ist. Ursprünglich stammt er aus den Bergen von Burgos und geht auf »solana« (ein sonniger Platz) bzw. auf »sol« (Sonne) zurück. In Spanien selbst wäre diese Zusammensetzung allerdings nicht so, denn jeder, ob Mann oder Frau, behält auch nach der Eheschließung seine angeborenen beiden Nachnamen – den des Vaters und den der Mutter.

Aber es dauerte nicht lange, bis mich die AEG bat, doch bitte freiberuflich weiterhin für sie tätig zu sein, was mich sehr freute. Was ich nicht ahnte, war, dass es sich dabei oft um Eilaufträge handelte, die über das Wochenende auszuführen waren, weil dann alle von der Übersetzerabteilung natürlich zu Hause waren. Und das hieß fast immer: am Freitagnachmittag einen Auftrag abholen, um ihn erledigt am Montag abzuliefern, denn es handelte sich meistens um große internationale Ausschreibungen, die man gewinnen wollte. Da konnte es auch schnell mal um 50 Seiten Technik gehen, die bewältigt werden wollten. Eine Riesenanstrengung, wenn auch ein gutes Zubrot für die junge Ehe.

Ich erinnere mich bis heute besonders an zwei Dinge aus jener Zeit: Das eine kam gleich in den ersten Tagen meiner Tätigkeit in der AEG auf mich zu. Zu übersetzen war unter anderem der Begriff »Spundwand«. Ich hatte keine Ahnung, woher ich diese Vokabel bekommen könnte, und erst recht keine, was man sich darunter vorzustellen hatte, denn eigentlich ging es um die Verlegung von Kabeln am Boden eines Flusses. Ich fragte mich durch und recherchierte, bis ich endlich begriff, dass es sich um eine wasserdichte Bohlen- bzw. Eisenwand handelte, die aufgebaut werden musste, um diese Arbeiten durchführen zu können. Im Spanischen war das eine »ataguía« (eine »Fangwand«). Diese

Vokabel ist mir bis heute geläufig. Aber sie hatte ja eigentlich gar nichts bzw. nur indirekt etwas mit Elektrizität zu tun.

Zu solchen Randgebieten gehört auch die zweite Erinnerung: Eines Tages, als mein Mann und ich gerade kurz vor unserem Urlaub in seine spanische Heimat standen (er war ja der Spross einer Arztfamilie aus Pamplona/Navarra), bat mich die AEG, doch bitte zuvor noch »schnell mal« (!) ein Kochbuch (zu einem Elektroherd) zu übersetzen. Und da ging es ebenso wenig um Elektrizität! Das Buch war gespickt voller Küchen-Fachvokabular, das selbst mir als Frau einige Kopfschmerzen bereitete und mich zum Schwitzen brachte, obwohl ich doch durch meinen Spanienaufenthalt mit so vielem vertraut war: Das Wort »braten« kennt ja nun schließlich jeder; doch was hieß »anbraten«, »vorbraten«, »durchbraten«, »überbraten« usw.?

So übertrug man mir über viele Jahre hinweg kontinuierlich Übersetzungen, die dann aber immer flotter in die Schreibmaschine flossen.

Allerdings eröffneten sich mir gleichzeitig, parallel hierzu, viele weitere neue Horizonte; doch vor allem fehlte mir bei meinem beruflichen Aufbau immer noch einiges, was ich auch unbedingt verwirklichen wollte. Und dazu gehörte der gesamte und große Bereich der Justiz. Wenn man dort zu einem Einsatz gerufen wurde, musste man als Dolmetscher (wie auch als Übersetzer) vereidigt sein. Und das konnte von Fall zu Fall erfolgen, aber auch ein für alle Mal. Meine Bestrebung war eine allgemeine Vereidigung. Doch das bedurfte eines staatlichen Nachweises über entsprechende Vorbildung und Kenntnisse. Also absolvierte ich in den Jahren 1962/63 beim Kultusministerium in Wiesbaden eine entsprechende staatliche Prüfung in Spanisch für Dolmetschen und Übersetzen. Und danach ließ ich mich beim Oberlandesgericht Frankfurt/Main für dessen Bezirk entsprechend allgemein vereidigen.

Zu jener Zeit gab es auch in diesem Bereich, also bei den Justiz- und Polizeibehörden, einen zunehmenden Bedarf, gerade für Spanisch. Ich glaube, ich war über einen langen Zeitraum die Einzige, die zur Verfügung stand, und wurde somit auch ständig zu Einsätzen herangezogen. Dadurch entstand für mich ein neues, umfangreiches und sehr spannendes Arbeitsfeld. Es umfasste die kleinsten Vergehen bis hin zu großen, lange dauernden Prozessen und viele neue Kontakte – nicht nur mit Justizpersonal und Polizei, sondern auch mit Rechtsanwälten und jeder Art von Straftätern, natürlich auch durch Gespräche von Verteidigern mit Mandanten in Untersuchungs- und Strafgefängnissen, wenn nicht in ihrer Kanzlei.

Nach wie vor strebte ich allerdings auch ein weiteres Ziel aus meiner Jugendzeit an, das ich bis dahin noch nicht erfüllt hatte – nicht hatte erfüllen können, nämlich Vorlesungen an der Universität zu besuchen. Dazu entschloss ich mich dann endlich und wurde in den Jahren 1967 bis 1970 Gasthörerin am Romanischen Seminar der Universität Frankfurt/Main. Zu einem echten Studium fehlte mir nämlich noch ein Detail, auf das ich gleich eingehen werde, denn inzwischen tat sich mir noch eine ganz andere Tür auf.

Wenn man, wie ich damals, eine freiberufliche Tätigkeit ausübt, die man natürlich voll genießt, darf man es dennoch nicht versäumen, für seine generelle soziale Sicherheit zu sorgen. Man weiß ja nie, was einem alles passieren kann, und auch das Alter kommt ja, wie man hofft. Meine einschlägig berufstätige Mutter hatte ihren Töchtern diesen Aspekt stets vor Augen gehalten. Dementsprechend hatte ich zwar gute Vorkehrungen getroffen, doch sie sollten sich eines Tages dank eines attraktiven Angebotes noch verbessern können:

Man hatte mich dem lokalen Honorar-Generalkonsul von Panama, Egon Steigenberger, als Konsulatssekretärin empfohlen. Das war im Jahr 1970. Dieses reizvolle Angebot in darüber hinaus edlen Räumen konnte ich mir nicht entgehen lassen und nahm es gerne an. Allerdings konnte ich aufgrund meiner vielen anderen Tätigkeiten nur dreimal drei Stunden in der Woche zur Verfügung stehen; doch das akzeptierte man gerne. Ab dann nahm ich alle mit dieser Stelle verbundenen Aufgaben wahr, und dies für die folgenden 14 Jahre, denn dann verstarb mein Chef.

Um meinen Gasthörerstatus doch endlich auch noch in ein echtes Studium zu verwandeln, unterzog ich mich in jener Zeit einer externen staatlichen Prüfung zur Erlangung der Hochschulzulassung und legte schließlich in fortgeschrittenem Alter das Erste und Zweite Staatsexamen für das Lehramt ab. Das betraf die Fächer Deutsch, Englisch und Spanisch, wurde aber von mir ergänzt durch zusätzliche Studien in Französisch, Italienisch und Russisch. Ein Grund für letzteres war mit Sicherheit mein stets bestehendes Interesse an Komparatistik, also dem sprachlichen wie literarischen Vergleich unter dem Blick einer Gesamtkultur. Warum mich aber auch Russisch interessierte, dürfte von meinem Unterbewusstsein her gesteuert gewesen sein, denn meine Sehnsucht, meinen nie wieder aus Russland zurückgekehrten Vater oder sein Grab zu finden, hat nie (auch nicht bis heute) aufgehört.

In der Folgezeit war ich dann noch viele Jahre, und zwar sogar bis zu meinem 69. Lebensjahr, im Schuldienst tätig. Und danach unternahm ich noch einige besonders ausgedehnte Reisen, bis ich schließlich und letztlich begann, Bücher zu schreiben.

Das alles war ein langer, arbeitsreicher und nicht einfacher, aber höchst spannender, vielseitiger und von Freude und Zufriedenheit geprägter Werdegang!

Zu alledem hier wie später im Buch einige Fotos; nur von meiner Tätigkeit im Mutterhaus der Degussa gibt es keine.

Familien-Urlaub in Vaters Heimatort Staufenberg (1941)

Letztes gemeinsames Foto meiner Eltern in Eisenach (8.3.1942)

*Wohnung meiner Familie im Haus Nr. 80 in der Schweizer Straße
in Frankfurt am Main-Süd (ab 1939)*

Brustbild meiner Eltern (1942)

Auf einer Chor-Reise in Avila (1953)

In Barcelona bei meiner spanischen Gastfamilie (1954)

In Barcelona an einem Brunnen auf der Diagonal (1954)

In meinem Büro in der großen Übersetzer-Abteilung der AEG,
Frankfurt am Main (1956-1959)

Eheschließung, Standesamt Frankfurt am Main (1959)

Am Rhein in Rüdesheim, vor der Drosselgasse (ca.1958):
»12 Männer und eine Frau«
Dolmetscher-Begleitung einer hochrangigen spanischen Delegation
(Frankfurt am Main, Düsseldorf, Osnabrück, Hamburg, Hannover)

Der Ort Lozoya im zentralspanischen Guadarrama-Gebirge

Ein traumhaftes Ferien-Domizil (1965-2007)
(»Immer und ewig trag ich im Herzen heimlich ein stilles Bild«)

»Jung und schön« – Es war einmal … 1972) *Mutti später, auf Reisen*

Meine Mutter als Sekretärin bei der LVA (1963, 36 Jahre alt)

In Spanien ...

Ein »Erard-Klavier« aus der Chopin-Zeit

»Wild born!« Sechs bis acht Stunden am Tag ungestörtes Spielen
von Bach über Chopin bis ... Jazz!

Kapitel 2

Aus meinen freiberuflichen Anfängen

In den Jahren unseres sogenannten Wirtschaftswunders, in das ja auch unsere westlichen Siegernationen investierten, also ab den 1960er-Jahren, entstand in Deutschland plötzlich aufgrund des wachsenden Exports überall ein größerer Bedarf an Fremdsprachenkundigen. Doch wer sprach in jener Zeit schon ausreichend gut andere europäische Sprachen? Beherrschte Fachsprachen? Aber man benötigte solche Leute dringend:

- Zum einen schlicht für die mündliche und schriftliche Kommunikation und Verständigung bei den Wirtschaftsbeziehungen;
- sodann für alle Belange im Zusammenhang mit den aus bestimmten Ländern von uns angeworbenen Gastarbeitern;
- und immer mehr auch überall in der aufblühenden Tourismusbranche.

Doch parallel dazu stieg das Interesse der Menschen daran, Sprachen zu erlernen.

Übersetzer, Dolmetscher und Pädagogen wurden quasi zu Pionieren, zu immer stärker gefragten Personen für alle diese Bereiche. Damals schossen aufgrund dessen überall erste Übersetzungsbüros aus dem Boden, die sich einen neuen Gewinn durch die Schließung dieser Lücke versprachen, ja hofften, sich schnell eine »goldene Nase« zu verdienen. Doch deren Leiter hatten größte Mühe, geeignete Sprachkundige aufzutreiben, die sich in so vielen Fachbereichen vokabular- und inhaltsmäßig auskannten. Und wenn sie endlich geeignete Personen gefunden hatten, stellten diese sehr bald fest, dass sie unterbezahlt und somit ausgenutzt wurden. Ergo liefen sie den Büros auch schnell wieder davon. Sie zogen es einfach vor, dieses Geld lieber selbst und ganz zu verdienen, indem sie sich selbstständig machten.

Auch ich gehörte damals eine Weile zu diesem Kreis von Personen, wenn auch eher nebenbei, denn ich hatte bereits kurz nach meiner Eheschließung eine Halbtagstätigkeit angenommen: Ein höherer Angestellter der AEG hatte mich nämlich aufgrund meiner ihm bekannten Spanischkenntnisse einem mit argentinischen Geschäften befassten Freund als Privatsekretärin empfohlen. Dazu begab ich mich jeden Morgen in dessen Büro in einer feudalen Villa im Taunus. Doch dort hatte ich aufgrund der überwiegenden Abwesenheit meines Chefs so wenig zu tun, dass mir viel Zeit verblieb, Übersetzungen für die AEG sowie andere private Auftraggeber zu erledigen. Nachdem dieser gute Mann aber bereits nach wenigen Monaten pleiteging und mir einen großen Batzen Geld schuldig blieb, wendete ich mich wieder vollkommen meiner eigenen freiberuflichen Tätigkeit zu, die aufgrund des bereits angesprochenen großen Bedarfs rasant zunahm. Ich hatte, wie aus der nachfolgenden Auflistung entnommen werden kann, immer mehr und sehr verschiedenartige Auftraggeber, war durchaus rundherum beschäftigt.

Ich erinnere mich auch noch genau, womit diese Zeit damals für mich begann, nämlich gleich mit zwei Auslandseinsätzen. Eine Gruppe von Frankfurter Rechtsanwälten hatte mich engagiert, um als Dolmetscherin einige Tage mit ihnen auf die Kanaren zu fliegen. Dort hatten sie für einen Kreis von Mandanten eine umfangreiche Erbschaftsauseinandersetzung durchzuziehen. Das erforderte auch von mir viel Verstehen, viel neues Vokabular, das ich mir aus mitgebrachten Lexika oder während der Gespräche aneignete. Solche Überraschungsmomente gehören zu den Eigenheiten dieses Berufs.

Wenig später bat mich die Firma Weltring, ein Mainzer Touristikunternehmen, um ähnliche Dienste und einen Mitflug zu einem der ersten und später stark besuchten Orte deutscher Touristen: nach Almuñécar an der südspanischen Mittelmeerküste, wo es um Hotelanlagen ging.

In dieser langen ersten Phase meiner freiberuflichen Anfangszeit war ich über Jahre für die »Bergische Achse« tätig. Sie war damals meine erste Firma von vielen späteren aus der aufblühenden Autoindustrie. Wieder eine neue Herausforderung, nämlich mich mit dieser Art von Vokabular, aber auch den Funktionen aller möglichen Autoteile zu befassen – denn was man nicht versteht, kann man auch nicht richtig übersetzen.

Im Laufe der Zeit nahmen meine Einsätze für deutsche wie spanische bzw. südamerikanische Auftraggeber immer mehr zu. Sie kamen natürlich sporadisch, also nicht ständig, mit ihren Belangen aus den verschiedensten Fachbereichen. Und immer wieder mal war das mit Flügen verbunden. Das hielt mich auf Trab, war interessant und abwechslungsreich und machte viel Spaß. Es muss jedoch zum Verständnis dieses Berufs gesagt werden, dass es nicht üblich ist, dass ein Sprachkundiger auf allen diesen Gebieten tätig ist. Normalerweise entscheidet man sich nur für eine Sparte.

Fast immer bewegte ich mich während der Ausübung des Dolmetscherberufs als einzige Frau unter vielen Männern. Das zeigen auch nachfolgende Aufnahmen aus den 1970er-Jahren – der Zeit der Minimode.

Zeit der Minimode

Inländische Auftraggeber (diverse)

Deutsche Firmen/Gesellschaften

AEG

MG

BASF

VDMA

Opel

Merck

Neckermann

Teves

VDO

Kohlensäure/Bad Vilbel

Jostwerke/Neu-Isenburg

TN

Trapp

BPW

Döring

Kloft

Printpromotion

Kirsten/Bingen

DIAG

A&O/Offenburg

Sportbereich: Taufe UEFA-Pokal

Literarische Texte

Übersetzungsbüros

Atlantic

Pacholsky

· Röhricht

Schreibbüro am Hauptbahnhof

Versicherungen

Helvetia

Alte Leipziger unter anderem
(Übersetzungen auch in/aus
andere/n Sprachen)

Banken	**Deutsche Girozentrale**
DB	**Handel:**
Bethmann	FIGED
Commerzbank	

Privatpersonen

Dokumente zur Person

Standesämter/Behörden

Ausländische Auftraggeber

Firmen in Spanien
Microtécnica/Madrid
ILASA/Zaragoza

**Spanische Stellen
in Frankfurt/Main**
Spanische Handelskammer
Spanisches Fremdenverkehrsamt

Angestelltenverhältnisse
Konsulatssekretärin im
Honorar-Generalkonsulat von Panama
(11/1971–4/1984) 3 x 3 Std./Woche
Honorar-Generalkonsul
Egon Steigenberger

Deutschunterricht
Für Konsuln spanischsprachiger Länder

**Diplomatische Vertretungen
in Bonn**
Botschaften spanischsprachiger
Länder

**Konsularische Vertretungen
vor Ort**
Spanien
Argentinien
Chile
México
Venezuela
Kolumbien
Peru
Ecuador
Dominikanische Republik

Luftfahrtlinien
IBERIA
LAN Chile
Condor
Aerolineas Argentinas

Zu diesen Bereichen meiner Einsätze gibt es viele Fotos.

*Unterzeichnung eines Darlehens-Vertrages zwischen der Deutschen
Giro-Zentrale (DGZ), Frankfurt am Main, und der spanischen Firma AUMAR
für den Bau der spanischen Autobahn Barcelona – Valencia (1975)*

Aktionärs-Versammlung und Verwaltungsrats-Sitzung der Firma
Franz Kirsten, Bingen, einem Automobil-Zulieferer,
und der spanischen Partner-Firma Ros, Barcelona (1979)

Wolfgang Kirsten, Chef der Firma Kirsten sowie seit 1975 Konsul von Uruguay
(nach Dr. Friedrich Karl Flick) (1979)

Delegierten-Versammlung der Bundesarbeitsgemeinschaft
der Mittel- und Großbetriebe des Einzelhandels (FIGED),
hier in Hamburg, aber auch in Lübeck (1979)

Kapitel 3

Staat, Land, Stadt

Der Einsatz einer Sprache/von Sprachen ist für die meisten Menschen nur ein gelegentlicher Teil ihres Berufs; für andere hingegen der Mittelpunkt, denn die einen benötigen Sprachkenntnisse rein als Notwendigkeit für die Kommunikation in ihrem alltäglichen Arbeitsleben, während die anderen von Berufs wegen entweder Übersetzer oder Dolmetscher oder beides sind, so wie es bei mir der Fall war und letztlich auch das Lehren der Sprache einschloss.

Nachstehend nun einiges über meine Einsätze im politischen und juristischen Bereich. Zu ersterem gehörten insbesondere drei große Auftraggeber: Staat, Land und Stadt.

Für den Staat übernahm ich immer wieder mal im Auftrag von INTERNATIONES Stadtführungen für Staatsgäste aus dem spanischen Sprachraum. Das setzte fundierte Kenntnisse über lokale wie kulturelle Gegebenheiten voraus – aber vorsorglich auch diplomatisch vorsichtiges Verhalten. Für das Statistische Bundesamt fielen im Rahmen der Volkszählung von 1987 umfangreiche Übersetzungen an, die ebenfalls das dazugehörige Vokabular voraussetzten. Vom Land Hessen erhielt ich über die Staatskanzlei Wiesbaden immer wieder Aufträge, die den Hessischen Landtag oder den Empfang hoher Staatsgäste betrafen. Meine Tätigkeit für Wiesbaden begann ab 1961, der Zeit von Ministerpräsident Zinn. Ich erinnere mich noch daran, wie er damals einer Gästegruppe, für die ich zu dolmetschen hatte, die Regeln des Parlaments vor Ort erklärte. Im Oktober 1984 gab der damalige Ministerpräsident Börner einen Empfang für den mexikanischen Schriftsteller und Nobelpreisträger Octavio Paz, und zwar im ganz persönlichen Umfeld, nämlich seiner Residenz in Wiesbaden. Meine letzte Tätigkeit für unsere Landesregierung war dann im März 1995, als Hans Eichel noch Ministerpräsident war und im Schloss Biebrich in Wiesbaden ein Galadinner zu Ehren des Staatspräsidenten von Ecuador, Sixto Durán Ballén, gab. Das Schloss Biebrich (aus 1744) ist seit 1806 die Residenz des Herzogtums Nassau.

Wenn ich in einer der schicken Staatskarossen mit ihren vorausfahrenden »Weißen Mäusen« mitfuhr, ging es immer sehr rasant zu: Sowie die Bediensteten die Türschläge öffneten, hatte ich meine liebe Mühe, den von mir sprachlich zu Betreuenden schnell genug zu folgen, denn sie sprachen ja miteinander. Wer im Fernsehen mal genau hinschaut, wird diese Momente der hinter den hohen Herrschaften herhuschenden Dolmetscher beobachten können. Sie müssen flink, allzeit gegenwärtig, allzeit bereit sein.

Hochrangige Gäste, also zum Beispiel Staatschefs, wurden oft auch schon am Flughafen begrüßt, und ihnen zu Ehren gab es meist ein Galadinner.

Meine ununterbrochene Tätigkeit für die Stadt Frankfurt/Main umfasste sehr verschiedenartige Einsätze, die vom Protokoll angefordert wurden. Dazu gehörten unter anderem
- das Dolmetschen bei öffentlichen Anlässen an verschiedenen Orten;
- das Übertragen öffentlicher Reden, meist im Kaisersaal;
- die Anwesenheit bei Gesprächen mit städtischen Vertretern, wenn es um Besuche spanischsprachiger Gäste ging. Diese Gespräche fanden meist in den Amtszimmern der Oberbürgermeister oder Bürgermeister etc. statt. Zu diesen zählten in meinem Fall unter anderem Brundert (1964), Fay (1970), Möller (1970), Arndt (1971), Wallmann (1977), Brück (1986), Hauff (1989), von Schoeller (1991), Vandreike (2004).

Alle besonderen Gäste wurden gebeten, sich anlässlich ihrer Anwesenheit in Frankfurt/Main in das Goldene Buch der Stadt einzutragen, so wie auch im Jahr 2008 das spanische (damals noch) Kronprinzenpaar Felipe und Letizia (geborene Ortiz Rocasolano), Prinz und Prinzessin von Asturien.

Sie weilten in Frankfurt/Main aus Anlass der feierlichen Einweihung des Instituto Cervantes am 22. September 2008. Dieses ist dem spanischen Außenministerium unterstellt, arbeitet aber auch mit dem Kultusministerium und dem Ministerium für Erziehung und Wissenschaft zusammen und stellt eine große Bereicherung kultureller spanischer Events dar. Bei jenem Empfang durch die Stadt im Kaisersaal nahmen viele illustre Gäste teil, darunter neben dem Leiter des Instituts selbst, Ignacio Olmos, und seiner Präsidentin, Carmen Caffarel, auch Oberbürgermeisterin Petra Roth, der Ministerpräsident von Hessen, Roland Koch, sowie Alexandra Prinzessin von Hannover, eine Verwandte des Prinzen. Mein bescheidener Beitrag anlässlich dieses Besuches bestand allerdings nur darin, danach die Worte, die das Prinzenpaar im Goldenen Buch hinterlassen hatte, für die Stadt ins Deutsche zu übertragen.

Soweit zu den Anlässen und Einsätzen eines Dolmetschers.

Voraussetzungen für den Dolmetscher für solche Anlässe

Doch was wird ansonsten noch alles von ihm erwartet, ohne das nichts geht? Hier ein paar Details: Für alle Einsätze im öffentlichen/offiziellen Bereich erforderlich sind vor allem eine gute Allgemeinbildung auf den Gebieten Kultur, Geschichte und Literatur; darüber hinaus möglichst Kenntnisse auch anderer Sprachen, auf jeden Fall aber des Englischen.

Sodann gehört dazu eine möglichst gründliche Vorbereitung auf das Hauptthema/Fachgebiet, um das es sich handeln wird. Auf Unterlagen, die man (wenn man Glück hat) vielleicht vorher zur Vorbereitung erhält, sollte man sich aber besser nie verlassen, denn es kann alles anders kommen, als man erwarten sollte. Außerdem weichen die meisten Redner von ihren Vorhaben ab, lassen Dinge weg oder fügen welche hinzu. – Ich habe auch immer wieder festgestellt, wie aufmerksam kundige Hörer aus dem Publikum die Übertragung eines Dolmetschers verfolgen. Also: Konzentration!

Was man auch unbedingt bedenken sollte, ist, dass man auf dem Laufenden sein muss, was die letzten Ereignisse in der Welt angeht, denn sie kommen mit Sicherheit zur Sprache.

Auf jeden Fall muss man ständig auf Ausnahmesituationen eingestellt sein, um sie spontan und tapfer bewältigen zu können. Dazu gehört zum Beispiel bei einem anschließenden Festessen das Übersetzen meist blumenreich beschriebener Gerichte von Speisekarten! Die können selbst den gewieftesten

Dolmetscher zum Schwitzen bringen! Und da es kein Dinner ohne Toasts gibt, bei denen auch der Dolmetscher sein Glas erheben soll, ja auch trinken möchte, habe ich mir immer eines zu eigen gemacht: Ich habe zuvor die Kellner gebeten, mir ein anderes Getränk von gleicher Farbe zu servieren – denn Alkohol darf es ja nicht sein, wenn man einen klaren Kopf behalten will.

Schließlich versteht es sich von selbst, dass ein Dolmetscher unbedingt als Erster, also vor allen anderen Teilnehmern, anwesend sein muss, um sofort zur Verfügung zu stehen. Zu alledem gehört natürlich auch eine gediegene, gepflegte und dem Anlass entsprechende Garderobe, die meist vorgeschrieben wird; so für Damen zum Beispiel Cocktail- oder Abendkleid. Auch sollte man vor Augen haben, dass ja stets Vertreter der Medien – Fernsehen, Presse und Fotografen – anwesend sind und sehr wohl hinsehen und lauschen, was vom Dolmetscher geleistet wird. Was sich für einen Dolmetscher wie selbstverständlich versteht, ist, dass er hinter dem Redner zurücktritt, vor allem, wenn Aufnahmen gemacht werden.

Dolmetschen und Übersetzen für die Justizbehörden

Meine Tätigkeit für die Justiz begann seinerzeit nur wenige Jahre nach dem Beginn des Frankfurter Auschwitzprozesses (ab 1959), den ich damals auch deswegen mit Interesse verfolgte, weil eine gute Freundin von mir und Kollegin für Polnisch (Vera K.) dabei im Einsatz war. Dieser Prozess war ja dann (ab September 1977) der sechste Folgeprozess nach den ab November 1945 stattfindenden großen Nürnberger Prozessen vor dem Internationalen Militärgerichtshof gegen die Hauptkriegsverbrecher des NS-Staates von Auschwitz, jenem nationalsozialistischen Vernichtungs- und Zwangsarbeiterlager, das die SS 1940 in der Nähe dieser polnischen Stadt errichtet hatte und das ab 1941 zum Vernichtungslager, vor allem für die Tötung von Juden, erweitert wurde. Dort starben bis zur Befreiung des Lagers durch Sowjettruppen am 27. Januar 1945, so schätzt man, 2,5 bis 4 Millionen Menschen.

Der Frankfurter Generalstaatsanwalt Fritz Bauer hatte das Verfahren nach Frankfurt geholt und Joachim Kügler war damals (ab 1959) der anklagende Staatsanwalt; er machte sich später selbstständig, und ich hatte dann oft mit ihm als renommiertem Anwalt beruflich zusammenzuarbeiten, ebenso wie mit seinen Kollegen Kappus, Moog, Geis, Ruppel, Dr. Dörr, Rosebruck, Endres, Dr. Hermann, Liebrucks, Rolleri, Löber, Rieck (Darmstadt), Hinninger, Schminck-Spoer, Henze, Guthke, Herzog, Brockmann, Dr. Gerth und vielen anderen, darunter gelegentlich auch mit spanischen Anwälten wie zum Beispiel Dr. Segura (Madrid) oder RA Cuevas (Kanaren). Die dabei bezüglich uns Dolmetschern automatisch entstehenden Kontakte mit Justizbeamten betreffen Untersuchungsrichter, Staatsanwälte, Gerichtsmediziner, Gutachter etc. Zu den Gerichten, für die man tätig ist, gehören Amts-, Land-, Arbeits- und Sozialgerichte sowie das Oberlandesgericht, das einen vereidigt hat. Die Dolmetschertätigkeit umfasst natürlich auch Einsätze in Untersuchungs- und Strafvollzugsanstalten sowie Briefzensur und Telefonüberwachung etc.

Meine Einsätze führten mich in viele Städte Hessens, aber auch in angrenzende Bundesländer. Dazu gehörten neben Frankfurt/Main Offenbach, Höchst, Bad Vilbel, Hofheim, Königstein, Bad Homburg, Darmstadt, Groß-Gerau, Seligenstadt, Langen, Alzenau, Friedberg, Butzbach, Gießen, Mühlheim sowie auch Mainz und Aschaffenburg.

Zu alledem erwartet werden breiteste juristische wie allgemeine Vokabelkenntnisse, denn die Anklagen reichen vom einfachen Ladendiebstahl bis hin zu Mord; aber auch die Übersetzung umfangreichster Rechtshilfe- und Auslieferungsersuchen im internationalen Rahmen ist zu bewältigen.

Die Dauer eines Einsatzes konnte nur ein paar Stunden, aber auch Wochen und Monate, ja sogar Jahre betragen, und oft waren gleichzeitig auch mehrere Dolmetscher tätig, wenn es um mehrere Angeklagte ging, so zum Beispiel in großen Drogen- oder Zuhälterprozessen. Solche Einsätze betrafen mich in den Jahren 1974, 1977, 1984/85 und 1992/93 in Mainz bei einem großen Rauschgiftprozess, wo jeder Angeklagte einen eigenen Dolmetscher zur Seite hatte.

Und was die Einsatzbereitschaft betrifft, so muss man immer bereit und auf alles gefasst sein, werktags wie am Wochenende, am Tag und notfalls auch mal nachts.

Was große Verfahren betreffs Einzelpersonen angeht, so erinnere ich mich vor allem an zwei: meine langjährige Übersetzungstätigkeit im Fall des KZ-Arztes Mengele (1972–1985) und meine Dolmetschereinsätze im Fall des spanischen Supermilliardärs und Präsidenten der spanischen Firma Rumasa, José María Ruiz-Mateos, wegen Versicherungsbetrugs und Majestätsbeleidigung (1984/85). Im erstgenannten Fall ging es um die Suche nach Mengele, um entsprechende Rechtshilfeschreiben und ein Auslieferungsersuchen; und dazu gehörten sehr umfangreiche Übersetzungen. Beim zweiten Fall waren auch Rechtsanwälte des Betroffenen aus anderen Ländern involviert, vor allem aber war die spanische Presse ständig am Ausgang des Verfahrens interessiert (dazu am Kapitelende ein Foto des Titelblattes der größten spanischen Tageszeitung ABC vom 20. Juli 1984: Ruiz-M. mit seinen Anwälten Geiss und Dörr und meiner Wenigkeit; es wurde in einer Gerichtspause gemacht.

Sehr häufig wurde man als Dolmetscher aber auch für alle Arten von Polizeidienststellen gebraucht. Dazu gehörten oft die am Frankfurter Flughafen tätigen, einschließlich Zollfahndung und Grenzschutz, aber auch die Autobahnpolizei. Obwohl die meisten dieser Einsätze in den Räumen der Dienststelle stattfanden, hieß es immer wieder mal, mit den Beamten an den ausgefallensten Orten tätig zu werden, in einem Krankenhaus, in der Psychiatrie oder gar in Bordellen, wenn es um Razzien oder Großfahndungen ging.

Alle diese Tätigkeiten erfolgen natürlich unter Eid und sind mit hoher Verantwortung und Verschwiegenheit verbunden. Und gelegentlich, wenn jemand bei einem zu Hause eine private Übersetzung abholt, kann es auch mal brenzlich werden. So erinnere ich mich an einen Fall, als eine Frau bei mir Dokumente abholte, aber nicht zahlen wollte. Anstelle dessen lief sie wie eine Löwin in meiner Wohnung herum, sodass ich ihr nicht nur androhte, die Polizei zu rufen, sondern es auch tat; und dann zahlte sie plötzlich. Ich will mir gar nicht erst vorstellen, was alles hätte passieren können, wenn es anstelle einer Frau ein Mann gewesen wäre. Solche Angst braucht man aber nicht zu haben, wenn man in einem offiziellen Einsatz außer Haus tätig ist, zum Beispiel in einer Haftanstalt zur Überwachung eines Gesprächs zwischen einem Einsitzenden und einem Besucher. Denn da sitzt im Hintergrund stets ein Beamter, der aufpasst – man ist also nicht alleine.

Erinnerungen

Derer hat man natürlich unendlich viele. Sie beziehen sich auf Verfahren, Menschen, Vorfälle, Besonderheiten. Nachfolgend nur mal einige – soweit erforderlich anonymisiert.

Immer wieder erkannte ich (und handelte danach), wie wichtig es ist, dass der Dolmetscher auch ganz und gar Mittler zwischen den Beteiligten untereinander ist, gerade dann, wenn es sich um Feinheiten oder weit auseinanderklaffende kulturelle Hintergründe handelt. So geschieht es nicht selten in Gerichtsverfahren, dass der Vorsitzende Richter einen Gesetzestext verliest und im Anschluss daran dem Dolmetscher das Gesetzbuch reicht mit der Bitte, der betreffenden angeklagten Person das alles »mal schnell« zu übersetzen. Der Dolmetscher erfüllt diesen hochanspruchsvollen Auftrag »schwitzend«, denn es ist ja ein Fachtext, gespickt voller schwieriger Begriffe. Aber er muss das ja können, auch wenn er schon im Voraus weiß, dass die Person, die ihn verstehen soll, möglicherweise überhaupt nichts davon verstehen wird. Ich erlaubte mir in solchen Fällen unmittelbar nach meiner Übertragung, die Person immer zu fragen, ob sie denn das alles auch verstanden habe; und die Antwort war oft und prompt: »Nein!« Danach entschuldigte ich mich dem Gericht gegenüber für mein eigentlich unerlaubtes Verhalten, diese Frage gestellt zu haben, die ich natürlich samt »No!« rückübersetzte, und bat den Richter (ebenfalls unerlaubterweise), der angeklagten Person das Ganze doch in einfacheren Worten zu erklären. Das geschah dann auch, oft sogar mehrmals und in immer einfacherer Form, denn es muss ja schließlich auch alles verstanden werden.

Noch wichtiger bei Gerichtsverfahren ist, finde ich – genauso wie bei anderen Dolmetschereinsätzen –, die Wiedergabe der Körpersprache, vor allem der Stimme der angeklagten Person, denn auch sie erklärt viel und trägt maßgeblich zum Verstehen und Beurteilen derselben bei. Allein schon eine Antwort mit den Wörtchen »Ja« oder »Nein« kann ganz verschieden interpretiert werden, je nachdem, ob das Wort klar und energisch, zweifelnd oder jämmerlich klingt. Vor allem aber muss der Dolmetscher wirklich alles übertragen.

Das krasse Gegenteil von alledem erlebte ich eines Tages als Zuhörerin im Publikum. Ich hatte in dem Fall in den gesamten Vorverhandlungen viel übersetzt und gedolmetscht, und deshalb interessierte mich, wie er denn wohl ausginge. Zum Prozess selbst war ein anderer Kollege geladen worden, dessen Agieren ich natürlich aufmerksam verfolgte und zu meinem Entsetzen feststellte, dass er nichts von alledem, was der Richter von sich gab, dolmetschte. Als der Richter den Angeklagten fragte, was er denn dazu zu sagen habe, konnte er natürlich gar nichts antworten. Das war seitens des Dolmetschers ein hoch verantwortungsloses Verhalten, ein schlimmer Fauxpas! Wie man nach der Verhandlung gegenüber dem Kollegen verfuhr, habe ich nie erfahren.

Ein ähnliches, aber noch viel gewissenloseres Beispiel erlebte ich eines Tages beim Verfolgen eines Kollegen in einer Live-Fernsehsendung eines großen internationalen Senders: Ein »Kollege« gab von der langen und wichtigen Rede des französischen Staatspräsidenten Emmanuel Macron nur ab und zu ein paar Worte wieder. Ob mein empörter Telefonanruf bei der in Südfrankreich etablierten Sendestelle zu irgendwelchen Konsequenzen führte, war aufgrund der Reaktionen derselben stark zu bezweifeln. Auf jeden Fall sollte man so unfähigen Personen keine so hoch verantwortlichen Aufgaben übertragen.

Schließlich noch zwei Beispiele für die Wichtigkeit von Wortinterpretationen:

Zu Beginn eines Gerichtsprozesses werden ja auch die persönlichen Daten eines Angeklagten nochmals überprüft, was auch seine Bildung und Ausbildung betrifft. Und da ist es ein großer Unterschied, ob jemand ein »einfacher« oder »studierter« Mensch ist. Da muss der Dolmetscher im Falle von Personen aus dem spanischsprachigen Raum sehr wachsam sein, ja bei der Klärung helfen, und zwar, wenn es zum Beispiel um das Wort »estudiar« geht, denn es kann sowohl »lernen« (aprender) wie auch »studieren« (an einer Universität) bedeuten; und das ist natürlich ein großer Unterschied. Andererseits gibt es in den Ländern des spanischen Sprachraumes – im Gegensatz zu Deutschland – Berufe, die eine Ausbildung an der Universität erfordern; das betrifft zum Beispiel Krankenpfleger und Erzieher. Das ist deutschen Richtern nicht bekannt.

Das zweite Beispiel werde ich auch nie vergessen: Ein Anwalt hatte mich gebeten, für ihn beim Gespräch mit seinem Mandanten in seiner Kanzlei zu dolmetschen. Als ich dort eintraf, lief zwischen beiden bereits ein lauter Disput. Und was war da los? Der Mandant schrie seinen Anwalt wütend an, er sei nicht »loco« (verrückt), sondern ganz normal. Was war denn da passiert, fragte ich mich. Nun, der Anwalt hatte schon vor meiner Ankunft angefangen, seinen Mandanten einiges zu fragen, und dies, wie er glaubte, auf Spanisch: Er wollte wissen, in welchem Ort sein Mandant geboren sei. Als alter Lateiner und obendrein einer alt eingesessenen italienischen Familie entstammend hatte er das lateinische Wort »loco« (Ort) dafür benutzt, was aber im Spanischen »verrückt« heißt. Dem Anwalt war »loco« hingegen geläufig aus seiner Juristensprache, wo es zum Beispiel »loco citato« (am angeführten Ort) oder »loco sigili« (die Stelle für ein Siegel auf einem Dokument) heißt. Ich versuchte natürlich sofort, den Fall zu klären, bin aber überzeugt, dass meine besänftigende Intervention nicht dazu beigetragen haben dürfte, dass die beiden je wieder Frieden miteinander schlossen. Das richtige Wort für Geburtsort hätte übrigens »lugar de nacimiento« heißen müssen.

Und da fällt mir gerade noch ein anderes Beispiel ein: Man hatte mich gebeten, einem Arzt der Psychiatrie zum Dolmetschen für ein Gespräch mit einem Spanier zur Verfügung zu stehen. Als der Arzt mich am Eingang begrüßte, erfuhr ich sogleich, wo ich war, denn er tat dies mit einem harten, männlichen Schlag auf meine Schulter, sodass ich wie bei einem elektrischen Schlag zusammenzuckte, aber natürlich trotz allem meiner Aufgabe gerecht wurde.

Was man ansonsten noch für weniger wichtig empfindet und deshalb auch weniger in Erinnerung behält, sind die vielen kleinen Ereignisse, die es natürlich auch gab: Das konnten die Abende sein, wo man als Dolmetscher mit eingeladen wurde in die Residenz eines Auftraggebers, wo es ein festliches Mahl und danach Tanzmusik gab oder auch mal eine Hochzeit in einer Burgkapelle etc. Das waren kleine, lockere, aber sehr angenehme Abwechslungen.

Wie man beim Lesen meiner Schilderungen sicher immer mehr erkennen wird, wird ein Dolmetscher mit vielen Bereichen und Themen konfrontiert. Mal handelt es sich um einfache, bedauernswerte Menschen, mal um Gauner, mal aber auch um jemanden aus der »High Society«. Mal muss man deswegen in den Knast, mal ist man auf einem Staatsempfang. Größer könnten die Kontraste eigentlich nicht sein.

Sehr unangenehm war es eines Tages für mich, im Gerichtssaal tagelang neben einem Mörder zu sitzen, der außerdem auch noch einen stinkenden Körpergeruch hatte. Aber auch ihm war ja ständig alles zu dolmetschen.

Ebenso hart zu ertragen war es ein anderes Mal beim Flughafenzoll, in der unmittelbaren Nähe einer Person auszuharren und samt den beteiligten Beamten darauf zu warten, bis diese Person nach Verabreichung eines Abführmittels nach langer Zeit endlich alles Rauschgift, das sie verschluckt und das man auf einem Röntgenbild erkannt hatte, wieder ausgeschieden hatte. Auch hier musste der Dolmetscher ja durchgehend zur Verfügung stehen, da man nie wissen kann, was alles passieren könnte. Und es ist auch für keinen der Beteiligten schmerzfrei, sei es im Gerichtssaal oder bei einer Vernehmung, mitzuerleben, was und wie ein Kind, das sexuell missbraucht wurde, alles von sich gibt, da es ja alles bis in möglichst viele Details schildern soll – denn von den kleinsten Beschreibungen hängt ja schließlich auch die Höhe der Bestrafung des Täters ab. Und all das berührt jeden. Da bleibt keiner verschont, besonders nicht der Dolmetscher, der jedes Wort wiederzugeben hat, und dies möglichst auch in der Art und im Ton der Stimme des Kindes.

Oft kullerten auch schon mal in einer Gerichtspause heiße Tränen weinender Prostituierter über meine Schulter; Tränen von Frauen, die von einem Zuhälter zur Hure gemacht worden waren; der sie anfangs verführerisch betört hatte und sie danach anschaffen schickte, um sie, also ihren Körper und ihre Seele, auszubeuten. Ich hatte diesbezüglich in einigen großen Zuhälter- und Rauschgiftprozessen zu dolmetschen.

Bei alledem überfallen einen natürlich auch viele Gedanken, Gefühle, die man aber nicht zeigen darf, denn Dolmetscher müssen sich bei der Ausübung ihres Berufes selbstverständlich vollkommen neutral verhalten. Doch man hört ja nicht vorübergehend auf, ein Mensch zu sein. Man erlebt in diesem Beruf ja immer wieder beides: Kaltblütige wie Armselige, Täter wie Geschädigte. Und manchmal, aber nur sehr selten, war es sogar auch mal lustig bei Gericht, wie bei folgendem Fall:

Ein Mann war angeklagt; weswegen, weiß ich nicht mehr. Und wie immer begann der Prozess mit der Erörterung seiner persönlichen Daten. Allein wegen dieser Anfangsphase nachfolgend die Schilderung von deren Verlauf: Der Vorsitzende Richter begann mit der förmlichen Befragung, kam jedoch über die Bestätigung des Namens des Betreffenden nicht hinaus. Über eine gewisse Zeit hinweg verlief deshalb alles total ungeplant, und zwar in etwa so: Wann er geboren sei, wollte der Richter wissen, in den Unterlagen gebe es nämlich zwei verschiedene Daten … Der Angeklagte begann sich »schlangenartig« zu bewegen.

»Tja«, meinte er, »das ist eben so eine Sache.«

»Ja, was denn für eine Sache?«, so der Richter.

»Nun ja«, fuhr der Angeklagte fort, »ich würde das gerne erklären.«

»Ja, dann tun Sie das doch, bitte«, so der Richter, »… und sagen Sie uns auch gleich noch, wo sie geboren sind, denn dazu haben wir keine Angaben.«

Die »Schlangenbewegungen« des Angeklagten wurden immer drolliger und seine Stimme sozusagen zauberhaft süß, während seine Augen neugierig die Augen der vor ihm sitzenden Richter prüften und er sich so ähnlich wie schamhaft gab, sodass wir alle im Gerichtssaal immer mehr erkannten, um welche Art Mensch es sich handelte. Während er dann seine Story preisgab, was ihm sichtlich selbst Spaß machte, gab es keinen Satz, den er nicht durch weitere drollige Gesten und schwankende Stimmlagen wiedergab. Er fühlte sich offenbar wie ein Protagonist – jegliche Anklage hin oder her. Er wollte uns begeistern mit seiner ganz besonderen Geburt.

»Also«, so begann er, »man muss zuerst mal wissen, dass sich meine Mutter zum Zeitpunkt meiner Geburt auf einem Schiff befunden hat, das von Deutschland nach England fuhr. Sie ist damals hochschwanger gewesen. Nun, und wie das nun mal so ist, bekam sie plötzlich Wehen, mitten auf hoher See.« (Spätestens hier begannen wir alle, innerlich zu lächeln.)

»Was also tun? Sie musste gebären, mich gebären, auf hoher See.« Das fand er wieder ganz lustig und lachte, was es uns leichter machte, auch ein wenig zu lachen.

»Ja, und weiter …?«, fragte der Richter.

»Nun«, meinte unser Schauspieler, »Dann war ich eben da; es gab mich!»

»Ja, ja, das können wir uns ja vorstellen«, meinte der Richter. »Aber warum zwei verschiedene Geburtsdaten?»

»Ja, eben deswegen!«, so der Angeklagte.

»Weswegen? Jetzt reden Sie doch endlich mal!«, so der Richter.

»Ei«, so der Angeklagte. »Weil man meine Geburt nach der Ankunft des Schiffes erst mal dort eingetragen hat.«

»Und das zweite Datum?«, fragte der Richter.

»Nun, danach hat man mich noch mal in Deutschland eingetragen.«

»Aber wir haben keinen Geburtsort von Ihnen«, so der Richter. »Was sollen wir denn da festhalten?»

»Ei, schreiben Sie einfach 'Auf hoher See'«, so seine Antwort, erneut begleitet von einer großen Schlangenbewegung und einem von sich selbst hoch befriedigten Lächeln über die so toll von ihm abgegebene Schilderung …

»So, das wissen wir nun«, so der Richter. »Aber es fehlt immer noch etwas, nämlich Ihr Beruf.«

»Mein Beruf?«, so der Angeklagte.

»Ja!« Der Richter wurde immer ungeduldiger.

»Weiß nicht, wie das heißt …«, meinte der Angeklagte unsicher.

»Mann, der muss doch einen Namen haben …«, drängte der Richter. »Wo arbeiten Sie denn?»

Betretenes Schweigen. Dann endlich, mitten in unser aller gespannte Aufmerksamkeit:

»Bei Mouson (einem Frankfurter Parfüm- und Seifen-Fabrikanten) …«.

Wir Gerichtsbeteiligten sahen uns alle verständnisvoll an.

»Und was machen Sie da genau? So reden Sie doch endlich!«, so des Richters letzte Aufforderung.

Der Angeklagte schaute schamhaft umher und zupfte an seinem Jackett herum. Wir warteten alle gespannt, was da denn käme; und es kam und war das Nonplusultra seiner Komödie: »Schaum.«

Da fiel dem Richter nichts Besseres ein, als eine kurze Gerichtspause zu verkünden, obwohl der Prozess doch gerade erst begonnen hatte.

Diese verbrachten wir Nichtangeklagten dann alle höchst vergnügt auf dem Flur, wo wir endlich auch frei lachen konnten. Seine Schlangenbewegungen entsprachen offenbar den Wellenbewegungen, die auch ansonsten seinen Körper durcheinandergebracht hatten.

Aber danach wurde es natürlich etwas ernster, als es um das ging, weswegen er angeklagt war. Und das weiß ich leider nicht mehr. Aber aus irgendeinem Grund war ich natürlich geladen worden, um Spanisch zu dolmetschen.

Wenn Beschuldigte oder schon Angeklagte in Haft sitzen, werden sie meist auch mal von ihren Anwälten – frei gewählten oder ihnen zugeteilten Pflichtverteidigern – besucht und, falls erforderlich, mit einem Dolmetscher. Nach der strengen Eingangskontrolle findet ein solches Gespräch in einem zugeteilten Raum statt, wobei der Anwalt seine Anwesenheit meist auch dazu ausnutzt, möglichst mehrere Mandanten hintereinander zu sprechen. Dazu verlässt er immer wieder mal kurz den Besprechungsraum, um sich bei einem Bediensteten den nächsten Mandanten zu bestellen; danach wird der vorige in seine Zelle zurückgebracht. Das ist bei Männergefängnissen genauso wie bei Frauengefängnissen.

In einem solch kurzen Moment widerfuhr es mir, die ich im Raum verblieb, einmal, dass der ebenfalls noch im Raum befindliche Mandant, ein gut aussehender und flotter Südamerikaner, die Gelegenheit nutzen wollte, mir schnell mal einen Kuss zu verpassen. Ich konnte seiner Absicht allerdings gerade noch entgehen; und ich hielt es auch für geraten, um des lieben Friedens willen keinem etwas davon zu erzählen. Es wäre für uns alle – ihn, den Anwalt, mich und die Bediensteten – eine peinliche Geschichte geworden. Der Latin Lover hätte auch einfach alles leugnen, ja sogar zu meinen Ungunsten verdrehen können. Nein, das war nicht geraten. Eher war das Verhalten des Mannes vielleicht sogar verständlich, wenn man bedenkt, wie lange und einsam doch eine solche Haft verläuft. Und wenn man dann schon mal eine Frau so nahe vor sich sitzen hat …

Und da fällt mir gerade noch etwas anderes, aber sehr Schönes ein, um noch ein letztes Beispiel aus meinen Erinnerungen zu zitieren:

Ein anderer, nicht nur charmanter, sondern auch hochgebildeter Angeklagter, der einen sehr interessanten Beruf ausübte, war einer Versuchung erlegen und angeklagt. Über einen langen Zeitraum hinweg saßen wir im Gerichtssaal immer wieder tagelang nebeneinander, wobei ich wegen des Dolmetschens direkt oder indirekt ständig beschäftigt war, während er viel Zeit hatte, mich zu beobachten, ja sich offenbar auch nach Rückkehr in seine Zelle mit meiner ihm oft so nahen Person beschäftigte, zumal er ein noch junger und ungebundener Mann war und übrigens auch aus Südamerika stammte.

Eines Tages überreichte er mir still und heimlich einen Zettel, den ich zwar in meine Tasche steckte, ihn aber eigentlich nicht hätte annehmen dürfen, was mir natürlich vollkommen klar war, aber bei einer Meldung (wie im gerade geschilderten anderen Fall) zu eher unnötigen Schwierigkeiten geführt hätte. Zu Hause angekommen, wollte ich natürlich gleich wissen, worum es denn da ginge. Es konnte ja so vieles sein … Doch es war ein wunderbares Gedicht mit vielen Strophen, handgeschrieben, ein Gedicht über meine Augen. Und über Augen kann man ja vieles schreiben. Es berührte mich tief. Ich las es immer wieder mal. Auch ich war damals ja eine noch recht junge Frau, und da ist man durchaus nicht uneitel. Ich habe dieses Gedicht aufgehoben, bis heute. Es gehört zu den wenigen freudigen, ja großen Ereignissen aus diesem meinem Beruf, ist etwas so Kleines, so Bescheidenes und doch so Einzigartiges … Und wie das Leben manchmal so ist … Eines Tages traf ich diesen Mann auf einem Flohmarkt wieder, zusammen mit einer Freundin. Sie verkauften handgefertigte Indioarbeiten, und ich kaufte ihnen zwei wunderschöne Wandbehänge ab, denen ich heute noch sehr zugetan bin, weil sie in ihrer Thematik und Gestaltung an warme Indioseelen erinnern, ja sie ausstrahlen …

Empfang der Deutsch-Iberoamerikanischen Gesellschaft (DIAG),
Kaisersaal der Stadt Frankfurt am Main, unter den Blicken aller Kaiser
des Heiligen Römischen Reiches Deutscher Nation (1984)

Die Autorin am Mikrofon

Titelfoto der größten spanischen Tageszeitung »ABC« vom 20.7.1984,
aufgenommen während einer kurzen Pressekonferenz
im Gericht von Frankfurt/M.
Im Bild: José María Ruiz-Mateos y Jiménez de Tejada, Marqués de Olivares,
mit zweien seiner deutschen Rechtsanwälte, Geises (links)
und Dörr (rechts), und der dolmetschenden Autorin dieses Buches.
Hauptanklagepunkte des Falles »RUMASA« gegen ihren Ex-Präsidenten
Ruiz-Mateos, ein Supermilliardär, waren Versicherungsbetrug und
Majestätsbeleidigung. Das Verfahren reichte deshalb bis nach Frankfurt/M.,
weil er hier bei einer Durchreise aufgrund eines anschließenden
Auslieferungsersuchens drei Monate in Haft und nach anschließender
vorläufiger Entlassung in Hausarrest verbrachte.
Während all dieser Zeit in den Jahren 1984/85 war ich seine Dolmetscherin.

Jahres-Empfang des Honorar-Generalkonsulats von Panamá 1970:
Begrüßung von Bürgermeister Dr. Wilhelm Fay, Frankfurt/Main, durch die
Autorin, damals Konsulats-Sekretärin , im Hotel Frankfurter Hof.

Einweihung eines Denkmals zu Ehren von Simón Bolivar, dem venezolanischen Befreier der nördlichen südamerikanischen Länder vom spanischen Mutterland, hier in der Fürstenberger Str. Ecke Grüneburg-Weg in Frankfurt/M. durch Oberbürgermeister Volker Hauff, in Anwesenheit des Außenministers Dr. Reinaldo Figueredo und weiterer venezolanischer Vertreter (1990) sowie im Amtszimmer des OB.

Empfang des Botschafters von Argentinien
durch den Stadtverordneten-Vorsteher Bührmann,
in Anwesenheit seines Frankfurter Generalkonsuls (2010),
im Limburg-Saal des Frankfurter Römers.

Besuch des Vizepräsidenten von El Salvador,
Carlos Quintanilla Schmidt, bei Bürgermeister Vandreike,
mit Begrüßung im Kaisersaal und Eintrag ins Goldene Buch der Stadt
Frankfurt am Main (2004).

Kapitel 4

Konsulate spanisch-sprachiger Länder
in Frankfurt/Main

Ab Ende der 1950er-Jahre waren, wie bereits mehrfach erwähnt, Spanisch-kenntnisse in Deutschland plötzlich sehr gefragt. Aufgrund der aufblühenden Wirtschaft holte man ja auch immer mehr Gastarbeiter ins Land, darunter viele Spanier. Auch für deren Belange jeder Art benötigte man allerorts Dolmetscher und Übersetzer, und ich gehörte damals, wie schon einmal gesagt, zu den ersten überhaupt verfügbaren.

Die Hauptansprechstelle für alle Spanier war natürlich ihr Konsulat. Dieses übertrug mir ab dem Beginn dieser Epoche und während aller Folgejahre ständig Aufträge, sowohl für die dringend erforderlichen und zahlreichen Übersetzungen von Dokumenten jeder Art wie auch für eigene offizielle Anlässe.

Zu den Dokumenten der Gastarbeiter gehörten nicht nur ihre Person betreffende, sondern vor allem und immer wieder Unterhaltsbescheinigungen, die eigentlich Armutsbescheinigungen waren. Sie machten erkennbar, wie viele Familienmitglieder ein solcher Mann in seinem Heimatland zu ernähren hatte: seine Frau, einige Kinder, Eltern, Schwiegereltern und sogar Onkel und Tanten. Sie alle hatten dort keine Einkünfte, sei es wegen Arbeitslosigkeit, Krankheit, Alter oder mangelnder sozialer Leistungen. Der einzige Verdiener war der Gastarbeiter, der zur Verbesserung seiner ärmlichen Situation nach Deutschland gekommen war und von seinem Lohn so viel wie er konnte nach Hause schickte, denn er selbst musste sich hier ja auch ernähren. Nur wenn er Glück hatte, arbeitete er sich bei uns ein wenig höher. Viele Deutsche konnten diesen Gesamtzusammenhang damals nicht verstehen, kannten auch die spanischen Verhältnisse überhaupt nicht. Sie wussten nicht, wie viele Kinder aus den ärmeren Landesteilen schon in sehr frühem Alter, vielleicht nach der zweiten oder dritten Klasse, gleich wieder aus der Schule genommen wurden, um zu arbeiten und schon zum Familienunterhalt beizutragen. Ich erinnere mich an Situationen, wo man Männern die Briefe aus ihrer Heimat vorlesen und ihre eigenen schreiben musste. Das war schon sehr traurig.

Für diese Dienste hatten das Konsulat und ich damals einen nur kleinen Betrag von 5 DM angesetzt; und ich holte und brachte diese Papiere selbst und fast täglich, tat es auch sehr gerne.

Großen Bedarf an Übersetzern gab es in jener Zeit auch bei anderen spanischen Vertretungen, so zum Beispiel bei der spanischen Handelskammer, dem spanischen Fremdenverkehrsamt und bei der spanischen Luftfahrtlinie Iberia, die damals ihr erstes Büro in Frankfurt/Main eröffnete, denn schließlich begann ja auch gerade der deutsche Tourismus nach Spanien zu boomen.

Bei der Iberia gab es anfangs viel für mich zu tun; zuerst überwiegend Laufendes, dann aber immer mehr bei besonderen Anlässen. So erinnere ich mich an die tage- und oft sogar nächtelangen Gewerkschaftsverhandlungen, die meist in einem großen Hotel stattfanden und zäh und ermüdend waren, was ja eine ihrer Eigenheiten ist.

Das größte Arbeitsfeld waren jedoch die Arbeitsstätten der Gastarbeiter, wo es natürlich um die Verständigung zwischen Arbeitgebern und Arbeitnehmern ging bzw. (worauf ich an späterer Stelle noch einmal eingehen werde) hier und da sogar Sprachkurse eingerichtet wurden.

Aufgrund des gleichzeitig zunehmenden deutschen Außenhandels zählten zu meinen Auftraggebern aber auch sehr bald die meisten anderen Konsulate spanischsprachiger Länder, und dies ebenfalls aus vielerlei Anlässen und über die gesamte Zeit meines Berufslebens.

Bei Antrittsbesuchen neuer Konsuln oder der Gepflogenheit entsprechenden Höflichkeitsbesuchen durchreisender Diplomaten dieser Länder bei den Oberbürgermeistern oder deren Vertretern der Stadt, meist mit Eintrag ins Goldene Buch, wurde ich dann ebenfalls immer wieder zum Dolmetschen hinzugezogen – vor allem, wenn sie kein Englisch sprachen. Und gelegentlich bat mich dann auch schon mal dieser oder jener neue Konsul um privaten Deutschunterricht.

Wer sich als Deutscher für die Kultur Spaniens und der spanischsprachigen Länder und die spanische Sprache interessierte, hatte anfangs nur wenig Auswahl, ja eigentlich nur eine: Er konnte die Veranstaltungen und Sprachkurse der Deutsch-Iberoamerikanischen Gesellschaft (DIAG) besuchen, bei der auch ich ab einem Jahr nach ihrer Gründung, nämlich ab 1956, als aktives Mitglied häufig tätig war, unter anderem durch ein Angebot von Spanischkursen für sehr Fortgeschrittene. Präsident dieser Gesellschaft war übrigens damals Hermann Schmitt-Vockenhausen, der seit 1953 Mitglied des Bonner Bundestages (MdB) und später, ab 1969, Vizepräsident des Bundestages war.

Die bei meinen vielseitigen Einsätzen für Konsulate erlangten Kenntnisse und gemachten Erfahrungen kamen mir schließlich sehr zugute, als ich, wie schon einmal erwähnt, im Jahr 1970 selbst eine Beschäftigung als Sekretärin im Honorar-Generalkonsulat von Panama annahm, das für die Länder Hessen und Baden-Württemberg zuständig war. Mein Chef, der Hotelier Egon Steigenberger, der selbst kein Spanisch sprach, räumte mir große Selbstständigkeit ein, und oft half ich auch gerne und bereitwillig den wenigen anderen panamaischen Konsulaten, wo eine ähnliche Situation vorlag. Vor allem aber nahm mich auch immer wieder mal die Bonner Botschaft in Anspruch, sei es telefonisch oder in unserer damaligen Hauptstadt direkt. Dieser »Allround-Job« setzte zusätzlich gute Englisch- und Französischkenntnisse voraus. Zu den zu erledigenden Aufgaben, für die einem natürlich auch Unterlagen und Vorgaben des Landes zur Verfügung standen, gehörten vor allem folgende:
- Passwesen, Visa, Sichtvermerke, Beglaubigungen
- Personenstandswesen und Staatsangehörigkeitsfragen, also standesamtliche Eintragungen von Geburt, Ehe, Scheidung, Tod, Adoption, Vater- und Mutterschaftsanerkennung
- Auswanderung und Einbürgerung, Ausstellung von Führungszeugnissen und Vollmachten
- amtliche Übersetzungen
- Auskünfte über die Bestimmungen in Panama bezüglich Investitionen, Aus- und Einfuhr, Firmengründungen, Devisen und Besteuerung

- Auskünfte über Arbeits- und Studienaufenthalte
- Dolmetschertätigkeit bei Staatsbesuchen, besonders für die Botschaftskontakte zu Wirtschaftsinteressenten
- ständiger Korrespondenzkontakt mit den Behörden Panamas und direkter Kontakt mit in Deutschland lebenden Panamesen, die in ihr Konsulat kamen
- die Mitorganisation des von Herrn Steigenberger eingeführten jährlichen Panama-Empfangs in den Räumen seines Hotels, zu dem hochrangige Vertreter aller Chargen und Couleur eingeladen wurden, ja großen Wert darauf legten, teilzunehmen

Das alles war damals für mich eine sehr interessante und vielseitige Tätigkeit; und als ich eines Tages selbst eine große Reise durch Länder Süd- und Mittelamerikas machte, besuchte ich in Panama auch kurz den seinerzeitigen Botschafter in Bonn, Raúl Brostella, denn mit ihm, seiner deutschen Frau und den beiden Kindern verband mich eine schöne Freundschaft. Ich war dort Gast der Familie, die mir ihre Stadt zeigte. Und im Rahmen dessen fuhr ich natürlich auch durch den Panamakanal, dessen ganze Geschichte ich zuvor schon einmal in Form eines kleinen Buches übersetzt hatte.

Zu allen diesen geschilderten Details nachfolgend einige Fotos zur Veranschaulichung.

*Empfang in der Residenz des damaligen Generalkonsuls von Spanien,
Jaime Abrisqueta (hier mit Tochter), in Frankfurt am Main (1978)*

*Eröffnung der Ausstellung des Malers Antonio Maro/Perú am 19.4.1983 in der
DIAG durch den Botschafter von Perú, Enrique Fernández de Paredes Cabello*

Gala-Dinner für den Botschafter der Dominikanischen Republik (1960er-Jahre)
im Hotel Frankfurter Hof, von seinem Honorarkonsul Dettmer (links)
(seine Frau war eine geborene Mouson)

Empfang der Stadt Frankfurt am Main im Römer, anlässlich des 25jährigen
Jubiläums der DIAG (1979), im Bild (von links): der Botschafter
von Kolumbien und die Konsuln von Venezuela und Kolumbien

Panama-Empfang 1980 von Familie Steigenberger (links im Bild)
Hier: Meine Begrüßung von Frau Herrat Zeinecke, Geschäftsführerin der DIAG

Ibero-Amerikanische Tage 1988 in der DIAG:
Vortrag von Prof. Ramón Meseguer, Barcelona, Dr.phil. und Dr. der Klinischen
Psychologie, über das Thema „Aktuelle gesellschaftspolitische Aspekte
der spanischen Demokratie" (Foto mit Frau Zeinecke)

Empfang der Stadt Frankfurt am Main 1988 mit Frau Schmitt-Vockenhausen

*Vortrag des Journalisten Dieter Kronzucker am 3.4.1979. DIAG-Veranstaltung
im Hotel Frankfurter Hof (links im Bild: Messe-Direktor Steidle)*

Aufnahme von einem DIAG-Empfang im Hotel Frankfurter Hof (1978)

DIAG-Empfang im Hotel Frankfurter Hof (1978)
mit Freundin Anne Böttger

Beispiele von Dankesschreiben

Anerkennung bzw. Dank für geleistete Tätigkeiten

In den von mir ausgeübten Berufen geschieht es, wie in allen anderen auch, nur sehr selten, dass man mal ein Echo oder einen Dank für seine meist hohen Leistungen erhält; und wenn schon, dann eher mündlich in einem lapidaren Satz, irgendwann, von irgendwem aus dem Kreis des Auftraggebers.

Wenn dann aber doch mal das Gegenteil davon eintritt - und das ist eben selten, vielleicht sogar als Beilage zu einem wunderschönen Blumenstrauss, dann freut man sich wirklich sehr.

Um den Leser an dieser meiner Freude teilnehmen zu lassen, nachfolgend mal zwei schöne Beispiele für solche glücklich machenden Danksagungen.

So schrieb mir am 25.10.2001 der damalige **spanische Generalkonsul** anliegende Zeilen, die wie folgt lauten:

"Liebe Frau Solano,

meinen aufrichtigen Dank für   Ihre ausgezeichnete Übersetzung am 18. Oktober anlässlich unseres National-Feiertags. Alle Anwesenden, mit denen ich gesprochen habe, bemerkten, dass Ihre Übersetzung **grossartig** war.

Es hat mich sehr gefreut, dass Sie an diesem Tag dabei waren und ich Sie begrüssen durfte.

Mit sehr herzlichen Grüssen ...... "

Und der damalige **Leiter des Instituto Cervantes** schrieb mir in Beantwortung meines Briefes an ihn vom 19.11.2008 dann am 1.12.2008 zu ihm überlassenen Unterlagen von mir übersetzten spanischen bzw. iberoamerikanischen Filmen ebenfalls sehr freundliche Worte, sogar in deutscher Sprache. Ich füge sein Schreiben sowie das meine an ihn (in spanischer Sprache!) nachfolgend ebenfalls bei, um den Leser auch hier an meiner Freude teilnehmen zu lassen.

Solche Bekundungen nach getaner Arbeit tuen wohl und man erinnert sich ihrer gerne.

Ich selbst habe mich in meinem weiteren Beruf des Lehrens auch immer und gerne bemüht, junge Menschen für ihre Bemühungen gebührend zu loben, selbst wenn sie nur gering waren, denn das spornt an, ist eine Anerkennung, die befriedigt.

»Anerkennung bzw. Dank für geleistete Tätigkeiten«

El Cónsul General de España

Secretaria LCM/AT
Nibelungenplatz 3
60318 Frankfurt/Main
Tel.: (069) 95.91.66.0
Fax : (069) 596.47.42

Sra. Dª
Ingeborg Kuhl de Solano
Kurt-Schumacher-Str.4

63263 Neu-Isenburg

Frankfurt/Main, 25.10.2001

Querida Sra. de Solano:

Le agradezco sinceramente toda la ayuda que me prestó por su magnífica traducción del pasado 18 de octubre, con motivo de la celebración de la Fiesta Nacional. Todos los asistentes con quienes hablé me comentaron que la traducción fue excelente.

Fue para mí un placer saludarle y que pudiera estar con nosotros ese día.

Aprovecho esta ocasión para enviarle un muy cordial saludo.

Luis Calvo Merino
Cónsul General de España

Ein Brief des spanischen Generalkonsulats (25.10.2001)

Instituto Cervantes

Frau
Ingeborg Kuhl de Solano
Kurt-Schumacher-Str. 4
63263 Neu-Isenburg

Frankfurt, 1. Dezember 2008

Sehr geehrte Frau Kuhl de Solano,

herzlichen Dank für die Zusendung des Kinoprogramms vom Kommunalen Kino aus dem Jahr 1978. Dieses frühe Beispiel einer spanischen Filmreihe in Frankfurt reflektiert auch Ihren Verdienst als eine der ersten Spanisch-Lehrerinnen, die sich aktiv für die Verbreitung der spanischen Sprache und Kultur in Hessen eingesetzt haben.

Es war mir eine große Freude, Sie kennen gelernt zu haben und hoffe, dass Sie auch zu unseren kulturellen Veranstaltungen im neuen Jahr kommen werden. Geplant ist unter anderem auch eine Filmreihe zu Carlos Saura, den wir, wie bereits bei der Fotografie-Ausstellung in Berlin vor vier Jahren, nach Frankfurt einladen möchten.

Ich danke Ihnen für Ihr Engagement und wünsche Ihnen bis dahin schöne Weihnachtstage und einen guten Start ins neue Jahr.

Mit herzlichen Grüßen,

Ignacio Olmos
Direktor des Instituto Cervantes Frankfurt

Instituto Cervantes · Staufenstraße 1 · 60323 Frankfurt am Main
www.frankfurt.cervantes.es

Fon +49 69 7137497-0 Fax +49 69 7137497-18
frankfurt@cervantes.es

Ein Brief des Instituto Cervantes (1.12.2008)

Mein Schreiben an Herrn Olmos vom 19.11.2008 lautete:

(Rückübersetzung ins Deutsche:)

Sehr geehrter Herr Olmos,

im Zusammenhang mit dem ersten Festspiel des spanischen und
iberoamerikanischen Films in diesem Jahr in Ihrem neuen Instituto
Cervantes könnte ich mir vorstellen, dass es für Sie von Interesse
ist, zu erfahren, dass in den Jahren 1970-1984 das Deutsche Fernsehen,
genau gesagt der Hessische Rundfunk (HR), seinen Zuschauern eine Reihe
überwiegend spanischer Filme anbot, viele darunter von Carlos Saura;
aber auch solche von Buñuel und anderer Autoren, die vor ihrer
Synchronisation sämtlich von mir ins Deutsche übersetzt wurden.

Ich erlaube mir, Ihnen anliegend eine Kopie meiner eigenen Liste
(Handschrift) dieser Filme zukommen zu lassen.

Das Interesse der Medien in jener Zeit, spanische Filme zu bringen,
zeigte sich auch im Monat November 1978, als das Kommunale Kino,
Frankfurt/M, ein besonderes Angebot machte: Während dieses gesamten
Monats konnte man viele Filme verschiedener Autoren sehen, die für
die Zuschauer des Saales ebenfalls von mir, in diesem Fall "life",
also simultan und für das Publikum über Kopfhörer von mir einübersetzt
wurden.

Ich gehe davon uas, dass auch dies für Sie von Interesse/Nutzen sein
könnte, und füge Ihnen ein Exemplar des damaligen Programms sowie
Kopien der Inhalte jener Filme bei.

Das alles ist heute zwar schon eher historisch; aber ich würde sagen,
dass es dennoch verdient, beachtet zu werden.

                          Mit herzlichen Grüssen

Mein Schreiben an das Instituto (19.11.2008)

Honorar-Generalkonsul von Panama Egon Steigenberger und seine Konsulats-Sekretärin beim Panama-Empfang 1978 im Hotel Frankfurter Hof

Honorar-Generalkonsul von Panama Egon Steigenberger und seine Konsulats-Sekretärin beim Panama-Empfang 1981 im Hotel Frankfurter Hof.

Empfang der Stadt Frankfurt am Main für den Staatspräsidenten von Panama,
Demetrio Lakas, im Kaisersaal des Römers, umgeben von den
Portraits der 52 Kaiser des Heiligen Römischen Reiches deutscher Nation
(von Karl dem Großen bis zu Franz II.) (Juli 1971)

Foto von einem Panama-Empfang in der Botschaft der Republik Panama
in Bonn. Begrüssung der Frankfurter Konsulats-Sekretärin
durch den Botschafter Raúl P. Brostella und seine Ehefrau Elke
(Raúl stammt aus Spanien und Elke aus Deutschland)

Der Staatspräsident von Panama, Demetrio Lakas, mit Ehefrau,
anlässlich seines Empfangs bei der Stadt Frankfurt am Main,
hier mit dem Bürgermeister Dr. Wilhelm Fay am 25.7.1971 vor dem Römer,
mit Blick auf den Dom und die immer noch in Trümmern liegende Altstadt

Kapitel 5

Allgemeines zu den Bereichen Übersetzen und Dolmetschen

$\mathcal{D}$ies waren einige Ausführungen zu meinen beruflichen Anfängen und Tätigkeiten für inländische wie ausländische Auftraggeber aus der Wirtschaft etc. sowie für offizielle Stellen. Bevor ich auf meine verschiedenen Lehrtätigkeiten, die vielen von mir übersetzten Spielfilme sowie meine eigene literarische Produktion eingehen werde, nachfolgend einiges zu den mit Übersetzen und Dolmetschen zusammenhängenden wichtigsten Merkmalen.

Übersetzen und Dolmetschen, zwei unbekannte, aber von jeher unverzichtbare linguistische Berufe – der erstere unsichtbar, der zweitgenannte ein sichtbarer. Doch wer weiß schon Näheres über sie? Wer würdigt eigentlich mal gebührend ihre hohe Leistung?

Beginnen wir mit dem **Übersetzer**. Er hat gegenüber dem Dolmetscher eine Reihe von Vorteilen. Er steht zwar meist unter dem ihm aufgebürdeten Zeitdruck, muss aber nicht öffentlich agieren. Er übt seine Tätigkeit in seinem häuslichen Büro oder dem einer Firma aus und kann sozusagen in aller Ruhe ganz nach seinen Möglichkeiten und unter Hinzuziehung jeglicher Hilfsmittel seine Arbeit erledigen, kann Lexika jeder Art oder auch andere technische Unterlagen konsultieren, frühere Übersetzungen nutzen oder sich den Rat von Fachleuten einholen. Doch das schmälert nicht seine Fachleistungen.

Beim **Dolmetscher** hingegen ist das ganz anders: Er agiert in der Öffentlichkeit, muss sofort alles liefern, kann nichts und niemanden konsultieren, und jeder, vor allem die Medien, können jedes seiner Worte verfolgen. Und dahinter steckt ungeheuer vieles, was er sich vorher angeeignet haben muss. Führen wir es uns doch einmal anhand eines Beispiels vor Augen:

Es ist 20 Uhr abends. Jeder schaltet seinen Fernseher ein, denn die Tagesschau läuft. Auf dem Bildschirm gleich ein Bild: ein Treffen zweier großer Politiker, zum Beispiel Trump und Putin, beide in schwarzen Anzügen, seriös und freundlich in die Kameras blickend. Sie reichen sich, Einvernehmlichkeit demonstrierend, die Hände oder klopfen sich beim Hinausgehen vielleicht noch einmal, Vertrauen mimend, auf die Schulter. Sie sitzen schräg nebeneinander und – nur selten im Bild – neben jedem der beiden ein weiterer Herr, ebenfalls feierlich in Schwarz. Zwei Sicherheitsbeamte? Zwei Minister oder andere Mitarbeiter? Nein! Ihre Dolmetscher! Meist mit einem Block und Stift versehen. Das Publikum übersieht sie geflissentlich (genauso wie die Parlaments-Stenografen bei Sitzungen des Deutschen Bundestages), denkt nicht über sie nach, wo sie doch äußerst hochverantwortliche Tätigkeiten ausüben, ohne die nichts geht, bei denen jedes Wort wichtig ist, so wie es seit Anbeginn der Menschheit war, wenn Menschen sich zu verständigen hatten. Und apropos Geschichte: Da habe ich mich grade mal kurz schlaugemacht.

Laut dem Etymologischen Wörterbuch von Kluge liegt der **Ursprung des Wortes Dolmetscher** bereits weit zurück in der Geschichte: Schon im 15. Jh. v. Chr. begegnet man in der kleinasiatischen Mitannisprache dem Wort »talami« für Dolmetscher. Von diesem abstammend gibt es im Nordtürkischen »tilac«/»tilmadz« für einen Mittelsmann, der die Verständigung zweier Parteien ermöglicht, die verschiedene Sprachen sprechen. Das türkische Wort ist sodann über das ungarische »magy« als »tolmdes« ins Mittelhochdeutsche gelangt und erscheint darin im 13. Jh. als »tolmetsche«. Gleichbedeutend daneben steht das mittelhochdeutsche »tolke«, und zwar häufig in Preußen; es kam wohl über die baltische Entlehnung aus dem Russischen (altrussisch »tolk«).

Dieses »tolk« klingt für mich so ähnlich wie das heutige »talk« im Englischen.

Bei Kluge heißt es aber auch, dass Bezeichnungen für »Dolmetscher« mit Vorliebe auch aus anderen fremden Sprachen entlehnt werden, so zum Beispiel im Nahen Osten aus dem Arabischen »dragoman«.

Die Bezeichnungen für »**Dolmetscher**« im Spanischen, Englischen, Französischen und Italienischen (intérprete/interpreter/interprète/interprete) hingegen sind für mich eigentlich unkorrekt; denn wenn ein Dolmetscher eines nicht tun sollte, dann ist es »interpretieren«. Er darf nicht sagen, was er will oder denkt, sondern muss sagen, was er soll. Er muss das Original wortgetreu in die andere Sprache übertragen, denn schon ein einziges falsch wiedergegebenes oder gar »interpretiertes« Wort könnte nicht nur zu Missverständnissen führen, sondern weltweit fatale Folgen haben, im Extremfall sogar zu einem Krieg beitragen – übertrieben gesagt! Sprachmittlung muss unbedingt authentisch erfolgen.

Doch wie kamen alle diese Bezeichnungen des »Interpretierens« denn in den romanischen Sprachen zustande? Da habe ich mich mal bei Joan Coromines schlaugemacht. Er liefert uns in seinem »Breve diccionario etimológico de la lengua castellana« aus dem Jahr 1490 dazu die Antwort: Die Grundlage für diese Bezeichnungen war das lateinische »interpres« für »mediador« (Mittler); und das ist der Dolmetscher natürlich allemal.

Die ab den 1960er-Jahren bei uns weilenden spanischen Gastarbeiter lieferten hierzu übrigens noch einen eigenen Beitrag: Sie erfanden damals für denjenigen, der diese Tätigkeit ausübte, ein ganz spanisch klingendes, aber für deutsche Ohren drolliges Wort: Aus dem »Dolmetscher« wurde ein »Don Meche«! Und noch etwas: Für die »Krankenkasse« sagten die Spanier damals »Gran casa«. Und eine Putzfrau war eine »putsche«!

Alle Tätigkeiten dieser beiden Berufe im Rahmen von Rechtsvorgängen setzen eine **Vereidigung** voraus. Diese kann im Einzelfall ad hoc und lediglich für diesen Einsatz vorgenommen werden oder ein für alle Mal für den jeweiligen Oberlandesgerichtsbezirk erfolgen.

Der abgelegte Eid ist auch die Voraussetzung dafür, dass man **Beglaubigungen** vornehmen darf, die bei Übersetzungen von Dokumenten für offizielle Zwecke nötig sind. Für die Form und den Inhalt der Beglaubigung gibt es Vorschriften: Der Übersetzer beglaubigt »die Richtigkeit und Vollständigkeit« seiner Übersetzung. Dafür benutzt er einen Stempel, dessen Abdruck mit Datum und Unterschrift zu versehen ist. Das Original der Übersetzung ist sodann mit seiner Übersetzung zusammenzuheften; an der Heftstelle ist ein Rundstempel mit Name und Vereidigungshinweis des Übersetzers anzubringen und dieser mit dem Namensschnörkel des Übersetzers auf allen Seiten zu versehen. Für die Übersetzung selbst ist zu beachten, dass alles, was sich auf dem vorgelegten Original befindet, in der Übersetzung ebenfalls wiederzugeben ist; das betrifft Vermerke bezüglich Wappen, Stempeln, Unterschriften etc.

Für den Fall, dass das Dokument (Original plus Übersetzung) ins Ausland geht, ist die Beglaubigung des Übersetzers seitens des Gerichts seiner Vereidigung mit einer Oberbeglaubigung zu versehen, die bestätigt, dass der Übersetzer vereidigt und somit zu dieser Handlung berechtigt ist. Oft entstehen aber danach, weil gesetzlich bzw. überstaatlich so vorgeschrieben, noch ganze »Ketten« von immer weiteren Beglaubigungen, zum Beispiel der des Außenministeriums, der ausländischen diplomatischen Vertretung im Land (also der Botschaft) etc., wobei jeweils die Berechtigung des Vorbeglaubigers bestätigt wird.

So war es während der ersten Zeit, die ich auf diesem Gebiet aktiv war. Doch ab dem 21. Oktober 1978 trat auch für Spanien die in Den Haag bereits am 5. Oktober 1961 beschlossene Abschaffung von Mehrfachbeglaubigungen in Kraft, und an deren Stelle war für die Gültigkeit deutscher Dokumente in Spanien lediglich nur noch eine von der zuständigen deutschen Behörde zu erteilende Apostille (eine Einmalbeglaubigung) anzubringen.

Die **Vergütung** für eine Übersetzung/Dolmetschertätigkeit wird sich immer ein wenig unterscheiden, je nachdem, ob es sich um einen privaten oder offiziellen Auftraggeber handelt. Für Übersetzungen von Dokumenten, Urkunden und Bescheinigungen, die Geburt, Heirat, Tod, Arbeit etc. betreffen, wird man, wenn es sich um private Kunden handelt, natürlich immer einen sozusagen »christlichen« Preis verlangen. Für Übersetzungen für die Justiz, Polizei und ähnliche offizielle Stellen gibt es bei jedem Einzelnen festgesetzte Gebührensätze. Im Rahmen der Wirtschaft etc. kommt man meist mit dem Auftraggeber überein, bedenkt aber die Schwere der Leistung und die eingeräumte Zeit. Man wird natürlich für einen kommerziellen Brief nie dasselbe verlangen wie für eine Fachübersetzung. Falls man hierzu oder generell irgendwelche Probleme hatte, konnte man sich an seinen Fachverband wenden, den BDÜ (Bundesverband der Dolmetscher und Übersetzer).

Zu beiden Berufen, dem des Übersetzers und dem des Dolmetschers, gibt es noch einiges mehr zu sagen. Zuerst mal zu der Frage, welches denn überhaupt die Voraussetzungen dafür sind. Und da gibt es zwei Wege.

Studium oder Selbstaufbau

Wer diesen Beruf über ein **Studium** anstrebt, kann sich dazu acht Semester an eine Fachhochschule begeben, zum Beispiel in Heidelberg, Mainz (nur eine Uni!), Germersheim oder Saarbrücken (so war es wenigstens früher). Dort kann er ein Diplom erwerben, was meistens auch bei einer Einstellung in den Staatsdienst gefordert wird. Er kann aber auch eine externe **staatliche Prüfung** ablegen (so wie ich es tat), und zwar entweder nur für Übersetzer oder nur für Dolmetscher, aber auch für beides, je nachdem, was einem mehr liegt; denn der eine arbeitet lieber im stillen Kämmerlein, und der andere liebt es, mitten im gesellschaftlichen »Strudel« mitzuwirken. Und wer die Sprache gerne weitervermitteln, andere dafür begeistern möchte, wird sie auch gerne lehren wollen und muss für das Lehramt ein entsprechendes Universitätsstudium absolvieren. Mir haben alle drei Bereiche Spaß gemacht, und ich habe sie mir »erarbeitet«, denn nichts fällt einem in den Schoß.

Doch zu diesem Thema gibt es noch etwas anderes zu bemerken: Es ist verkehrt anzunehmen, dass Menschen, die zweisprachig aufgewachsen, also gebürtige Zweisprachler sind, schon rein automatisch in der Lage wären, Sprache zum Gegenstand dieser Berufe zu machen. Diese Gegebenheit ist zwar eine sehr gute Voraussetzung dafür, bedeutet aber noch lange nicht, dass diese Menschen schon alles könnten, was an Anforderungen zu erfüllen ist. Man muss sich viel Fachwissen und viele Zusatzkenntnisse aneignen und breite Erfahrungen aufbauen. Das Gehirn muss Unmengen von Vokabeln und das Verstehen von Vorgängen stapeln, bis es bei einem Einsatz alles richtig und schnell liefern kann. Es ist für mich ohnehin ein hoch bewundertes Organ des Lernens und Reproduzierens, und ich sage nur: Hut ab! Es verdient den höchsten Respekt!

Dolmetschereinsätze für Firmen

Sie gehören zum Arbeitsalltag der Dolmetscher, besonders der freiberuflichen. Sie sind unterschiedlicher Art und finden an den verschiedensten Stellen statt, auch im Ausland, also immer wenn eine Verständigung zwischen Geschäftspartnern zweier Länder erforderlich ist, die sich gegenseitig besuchen, um technische, wirtschaftliche oder juristische Dinge zu besprechen. Meist handelt es sich aber bei Auslandseinsätzen um große Firmen.

In meinem Fall waren es bei solchen überwiegend Firmen aus der Automobil- bzw. Automobilzuliefererindustrie. Dann war ich mehrere Tage mit Vertretern der Geschäftsleitung, meist auch zusätzlich mit einem Juristen und einem Techniker, unterwegs.

Dabei beginnt der Dolmetschereinsatz gleich mit dem Eintreffen auf dem Flugplatz oder im Flugzeug. Wenn man Glück hatte, hatte man auch zuvor schon einige Unterlagen bekommen, um sich einzulesen. Aber einmal in der Maschine angelangt, fängt es nach kurzen belanglosen Gesprächen gleich richtig an, d. h. mit dem guten Zuhören und Verstehen, worum es gehen wird. Das »geistige Gepäck« im Gehirn des Dolmetschers wird aktiviert, läuft an. Im eigentlichen Gepäck schlummern derweil im Bauch des Flugzeugs einige Lexika, umgeben von Kleidungsstücken für die zu erwartenden verschiedenen Anlässe, also die Bürogespräche, Fabrikhallenbesuche, bis hin zur Abendgarderobe für ein wahrscheinlich festliches Dinner. Aber Frauen haben ja kein Problem damit, Koffer zu »füllen«.

Im Hotel eingetroffen, wird mit Sicherheit eine Vorbesprechung für den gleichen Abend angesetzt, die auch für den Dolmetscher sehr wichtig ist. Und das Frühstück am Morgen wird bestimmt ein Arbeitsfrühstück. Es wird einem durchgehend sozusagen nichts »geschenkt«, erst recht nicht bezüglich des Vokabulars von Maschinenteilen und deren Funktionen.

Beim Partner vor Ort beginnt alles mit Gesprächen in Büros, je nach Umfang der Gruppe auch in größeren Räumen, wo man Schautafeln etc. aufstellen kann. Und dem folgen viele Stunden in Fabrikhallen, wo vor den Maschinen heftig und fachmännisch debattiert wird, einerlei in welcher Umgebung. Da kann es sehr heiß oder sehr kalt sein, oft auch sehr laut, sodass man kaum mit dem Sprechen durchkommt; aber es kann auch schon mal kräftig stinken oder – so denkt man – gefährlich sein, und wenn es nur wäre, dass man ausrutscht. Für mich als Frau, die ich sehr darauf bedacht war, schicke Garderobe zu tragen, waren damals besonders die hohen Absätze der Schuhe eine Plage. Das kam durch die übrigen hohen sprachlichen Leistungen als Anstrengung hinzu; aber da war natürlich die eigene Eitelkeit dran schuld.

Wenn dieser Teil zu Ende und man endlich wieder im Hotel war, hatte man eigentlich das Bedürfnis nach Ruhe. Doch von wegen! Man konnte sich höchstens ein paar Minuten entspannen, denn schon hieß es, sich für den Abend vorzubereiten, um auch da beiden Partnern sprachlich zur Verfügung zu stehen. Und man »putzte« sich natürlich auch bezüglich seiner Garderobe, seines ganzen Äußeren, neu heraus. Das einzig Gute war, dass im Falle Spaniens das Abendessen frühestens gegen 21 Uhr mit einem Aperitif beginnt, aber mit allem Drum und Dran erst gegen Mitternacht endet; wenn …!

Dann begab man sich in seiner schicken Garderobe (oft sogar im damals noch üblichen Abendkleid) in Richtung Speisesaal, wo es außer einem selbst, wenn überhaupt, vielleicht nur eine oder zwei Ehefrauen gab. Und gleich begann das Dolmetschen erneut, nun natürlich von lockeren Gesprächen. Die Herren versuchten allerdings, ein möglichst geistreiches Niveau einzuhalten. Da ich natürlich auch dabei ständig »am Arbeiten« war, konnte ich meistens das tolle Menü kaum genießen. Selbst wenn man mir anbot, sich mal untereinander mit Englisch zu behelfen, ging das nicht lange gut genug, auch wenn ich die mir gegönnte Pause kurz genießen konnte.

Inhalt der zwischen den Herren geführten Gespräche konnte alles Mögliche sein: Die Schilderung eigener Dinge, vielleicht ihre Sporttätigkeit, Gesellschaftliches oder Aktuelles. Nur gelegentlich kam mal etwas Kulturelles zur Sprache. Man versuchte, locker miteinander umzugehen. Und mit fortgeschrittener Stunde ließ der eine oder andere auch schon mal einen Witz fallen. Doch auch dieser wollte übersetzt werden, denn oft geht es ja dabei um Zweideutiges oder gar Unübersetzbares, weil die Pointe in der anderen Sprache nicht aufgeht, also auch keiner darüber lachen kann. Und wieder ist der Dolmetscher gefragt. Wenn ihm aus seinem eigenen Repertoire ein geeigneter ähnlicher Witz aus der anderen Sprache einfällt, bringt er ihn ein, damit auch die Gegenseite lachen und der Redner sich selbst über seinen Einfall freuen kann.

Nach einem Mehrgängemenü, kostbaren Weinen und meist zauberhaftem Nachtisch reichten dann die Kellner für die Herren Zigarren herum, während im Hintergrund bei immer gedämpfterem Licht eine kleine Kapelle romantische Melodien anstimmte, die natürlich auch zum Tanz einladen sollten. Das gefiel besonders mir sehr gut, und ich hoffte, dass man mich auch zum Tanz auffordern würde, zumal ich die einzige fremde Frau war. Es wäre doch ein wunderbarer Abschluss eines langen und sehr arbeitsreichen Tages, vielleicht hoch über den Dächern einer Stadt und unter einem strahlenden südlichen Sternenhimmel ... Doch es kam auch immer wieder mal vor, dass man sich einem eigentlich verstehbaren Ansinnen eines Kavaliers mit allen Künsten weiblicher Diplomatie höflich-charmant zu entziehen verstehen musste ...

Erst am nächsten Tag, dem des Heimfluges, legte sich allmählich die ungeheure Spannung eines so intensiven und vielseitigen Arbeitseinsatzes; und bald, schon sehr bald, würde einen der Alltag wieder einholen, wenn auch mit nicht weniger hohen Anforderungen.

Verschiedene Arten des Dolmetschens

Für das **Öffentlichkeits-Dolmetschen** eines Dolmetschers, sei es mit oder ohne Mikrofon, muss er alles sprachlich notwendige Wissen und inhaltliche Verstehen »im eigenen Gepäck« dabeihaben, ganz so, wie es schon das lateinische Sprichwort besagt: »Omnia mea mecum porto« (»All meinen Besitz trage ich bei mir«). Und dabei ist er ganz auf sich selbst gestellt, hat nicht den Rückhalt aller Ressourcen wie ein Übersetzer in seinem Büro.

Zu diesem »Gepäck« gehören außer dem guten Allgemeinwissen und einer gründlichen Vorbereitung auf das jeweilige Thema gute Hintergrundkenntnisse bezüglich der Kultur des Landes, um das es im Einzelfall geht. Das heißt aber in Bezug auf Spanisch eben nicht nur Spanien, sondern alle Länder Lateinamerikas, brandneue aktuelle Ereignisse eingeschlossen. Lassen Sie mich dies an einem Beispiel erläutern:

Eines Tages konnte ich einen Termin bei der Stadt Frankfurt/Main nicht wahrnehmen, bei dem mal wieder Reden gehalten wurden und zu übertragen waren, natürlich wie immer im festlichen Kaisersaal. Der Grund dafür, weshalb ich nicht zur Verfügung stehen konnte, war ein Termin bei einer Botschaft in der damaligen deutschen Hauptstadt Bonn. Und just an diesem Tag, es war der 25. Mai 1982, war die Falklandkrise* zwischen Großbritannien und Argentinien ausgebrochen und der betreffende Redner brachte sie zur Sprache. Doch die von mir zu meiner Vertretung eingesetzte Kollegin hatte an diesem Tag noch nicht die Nachrichten gehört, was bei uns »zum Geschäft« gehört, und wusste damit nichts anzufangen. Sie musste bei ihrer Übertragung in vielem passen, ja wusste nicht einmal, dass diese Inseln bei den Argentiniern »Islas Malvinas« heißen. So etwas bleibt dann natürlich leider auch den anwesenden Medienvertretern nicht verborgen, die ja, ebenso wie die Fotografen, alles festhalten. – Der Dolmetscher ist also keineswegs nur eine unbedeutende Mittlerperson im Schatten des »Originals«, sondern ohne ihn geht eben einfach gar nichts; es kann sonst, wie man sieht, auch mal »schieflaufen«.

Normalerweise steht der Dolmetscher ja direkt neben dem Redner und hat auch ein eigenes Mikrofon. Beim sogenannten leisen **Flüsterdolmetschen** hingegen steht er zwischen oder hinter zwei oder drei Personen mitten im Publikum, also unter den Zuhörern. Da fällt es natürlich nicht so auf, wenn er mal etwas auslässt oder nicht ganz wortgetreu wiedergibt, es sei denn, seine Zuhörer sprechen auch beide Sprachen und können alles selbst verfolgen und somit seine eventuellen Schwächen entdecken. Dieses Flüsterdolmetschen erfolgt nicht, wie bei einem Übertragen per Mikrofon, konsekutiv, sondern simultan, genauso wie beim Kabinendolmetschen.

---

* Es handelte sich um den schließlich misslungenen Versuch Argentiniens, die in englischem Besitz befindlichen Malwinen-Inseln zu besetzen.

Übrigens habe ich gelegentlich bei **Reden im Fernsehen** im Geiste simultan »mitgedolmetscht« – eine gute Übung, die ich allen angehenden Kollegen nur empfehlen kann. Man muss dabei ja nicht nur flott Vokabeln aus dem Gehirn abrufen, sondern kann auch Schnelligkeit üben.

Und apropos Fernsehen: Meine ganze Hochachtung vor den **Gebärdendolmetschern**. Sie leisten schier Unmögliches.

Und nun noch ein paar Bemerkungen zur anstrengendsten Form des Dolmetschens überhaupt, dem **Simultandolmetschen in Kabine** bei internationalen Meetings, Großveranstaltungen oder TV-Live-Sendungen. Da sitzt man in einer äußerst engen Kabine, die meist an einem Ende eines Saales installiert ist, fast immer zusammen mit einem Kollegen/einer Kollegin gleicher Arbeitssprache; und in den Nebenkabinen sitzen Kollegen anderer Sprachen, zu denen man Sichtkontakt durch eine Scheibe hat. Vor sich hat man ein Gerät, dank dessen man zu den Rednern bzw. Kollegen umschalten kann: Und das will auch bedient werden! Vor einem auf dem mickrig kleinen Tisch kann man gerade mal ein oder zwei Lexika, einen Notizblock und einen Stift ablegen; und das war's. Zu den Rednern hat man keinerlei Direktkontaktmöglichkeit, freut sich aber sehr, sie im Saal verfolgen zu können, denn was für einen immer sehr nützlich ist: auf ihren Mund zu schauen, aber auch ihre die Worte begleitenden Gesten zu verfolgen. Wenn »Not am Mann ist«, zum Beispiel ein Redner vergessen hat, sein Mikrofon einzustellen, sodass man ihn in der Kabine gar nicht hören kann, hilft es einem nur, an die zum Saal hingehende Scheibe zu klopfen, um sich durch Zeichen bemerkbar zu machen.

Einen Notizblock und Stift hat der **Konsekutiv-** wie auch der **Simultandolmetscher** immer zur Hand, um sich Stichworte, vor allem aber Zahlen zu notieren, sobald sie vorgetragen werden; denn gerade letztere sind, besonders wenn es sich um große Summen oder ungerade Zahlen handelt, schwer zu erinnern, müssen aber, ebenso wie auch Daten, natürlich unbedingt richtig wiedergegeben werden.

Doch das Eigentliche und ungeheuer Schwere ist das simultane Dolmetschen selbst von all dem, was mehrere verschiedene **Redner** von sich geben, von dem jeder seine Eigenheiten hat, die man bis dahin ja nicht kannte. Und das verläuft so: Der Redner spricht und man hört ihm zu, aber nur kurz, denn man muss sofort anfangen, das Gesagte zu übertragen, ohne dass er natürlich warten würde, bis man fertig ist. Er spricht, man hört ihn im Ohr und spricht selbst gleichzeitig ins eigene Mikrofon. Eine totale Überlagerung von Sprechen und Hören zur gleichen Zeit. Es sind zwei Schienen auf einer Schiene und erfordert höchste Konzentration. Deshalb lösen sich die beiden in einer Kabine sitzenden Dolmetscher der gleichen Sprache spätestens nach 20 bis 30 Minuten, oder nach Bedarf auch früher, ab, meist durch ein kurzes Handzeichen, und danach steigen sie sofort in den nächsten Satz des Redners ein. Aber das heißt nicht, dass man danach passiv sein dürfte – man muss alles weiterhin aktiv mitverfolgen, mitdenken, um den Faden des Ganzen nicht zu verlieren. Dasselbe Verhalten gilt auch, wenn bei einem Rednerwechsel eine andere Sprache einsetzt, zum Beispiel Englisch oder Französisch. Man muss auch den dann zum Einsatz kommenden Kollegen der Nachbarkabinen zuhören, sollte möglichst auch diese Sprachen beherrschen und sich mit den Kollegen gegebenenfalls auch mal durch die Scheibe mit Gesten verständigen, solange, bis man selbst wieder an der Reihe ist.

Wenn die Dolmetscher Glück haben, erhalten sie zuvor auch einige Unterlagen zu ihrer Vorbereitung, wozu ihnen allerdings selten genügend Zeit verbleibt, auch nicht in den Pausen, die ja eigentlich jeder zum kurzen Regenerieren dringend benötigt.

Ich hatte meinen letzten größeren Einsatz des Simultandolmetschens in Kabine im Juni 1985 im »Europäischen Jahr der Musik«. Das Fernsehen hatte für seine Sendung »Sommernacht der Musik« Dolmetscher mehrerer Sprachen engagiert. Die Sendung lief natürlich live, war sehr schön und unterhaltsam und endlich mal etwas ganz anderes als Wirtschaft und Technik. Sie dauerte aber auch wirklich fast die ganze Nacht. Und auch so etwas will bewältigt sein, selbst wenn man dabei in Hochstimmung und die von den Entertainern benutzte Art zu sprechen locker und angenehm und nicht so anstrengend ist und sie auch nicht ständig sprechen.

Solche Einsätze vergisst man natürlich nicht. Aber auch dabei gilt es immer, sich rasch auf die jeweiligen Redner einzustellen, denn jeder ist anders, hat seine Besonderheiten. Man kann sie sich ja nicht auswählen, sondern muss eben mit allen Varianten zurechtkommen, einerlei, um welche Art des Dolmetschens es sich handelt.

Unter den **Rednern** gibt es ja nun auch alles: die einen, die zu leise, die anderen, die zu schnell sprechen. Dann welche, die undeutlich reden, also nuscheln. Und ganz besonders anstrengend sind diejenigen, die nie enden wollende Schachtelsätze mit obendrein vielleicht auch noch verwirrter Wortwahl von sich geben. Aber es gibt auch welche, die unvollständige Sätze formulieren, wo also irgendwo etwas fehlt oder ein falsches Satzende folgt. Und was soll denn dann der Dolmetscher tun? Gute Frage! Nun, er kann nur versuchen, sprachlich das Beste daraus zu machen, einmal, damit der Redner selbst nicht als Blamierter dasteht, und zum anderen, damit auch die Zuhörer nicht denken, der Dolmetscher würde was »verbocken«.

Den Redner gar auf so etwas aufmerksam zu machen, während er noch spricht, das geht natürlich überhaupt nicht. Da kann der Dolmetscher nur einfach schnell und angemessen reagieren, sehen, wie er das hinbekommt.

Man kann aber, bevor eine Rede gehalten wird, den Redner auf ein paar Details aufmerksam machen, sofern sich die Gelegenheit dazu bietet; ihn zum Beispiel bitten, dem Dolmetscher entgegenzukommen, also nicht zu viele Sätze am Stück zu sprechen. Ob der Redner das dann jedoch einhält, ist wiederum eine andere Sache. In sprachliche Not gerät der Dolmetscher manchmal beim Übertragen des Deutschen ins Spanische: Im Deutschen steht oft das Verb oder ein Teil desselben, zum Beispiel eine Vorsilbe, am Satzende, während es im Spanischen, wie auch in anderen romanischen Sprachen, gleich am Satzanfang gebraucht wird. Also, was dann tun? Nun, da muss der Dolmetscher schlicht erahnen, wie es wahrscheinlich heißen wird, das Erahnte schon mal einbringen und es, falls dann nötig, im Nachhinein korrigieren, denn man kann ja bei einem langen Satz mit vielleicht vielen Nebensätzen die Zuhörer nicht zehn Minuten lang warten lassen, also schweigen.

Was mich allerdings in keiner Weise beeindruckt, sind **Sprachroboter**, die angeblich bis zu 24 Sprachen »beherrschen« …

Ja, ja – ein Dolmetscher macht im Laufe der Jahre **viele Erfahrungen** jeder Art. Und diesbezüglich zum Abschluss noch ein Beispiel, wo es für mich um die Bewältigung einer wahrhaft nicht einfachen Situation ging, und dies obendrein auf diplomatischem Parkett:

Es ging darum, an einem edlen Ort die Rede einer Person hohen Ranges zu dolmetschen. Alle Geladenen samt der Presse warteten bereits seit geraumer Zeit auf deren Erscheinen und mussten viel Geduld aufbringen, bis der hohe Herr die mit einem roten Teppich ausgestattete geschwungene Treppe endlich herunterkam in den großen Raum, gefolgt von einigen schönen, jungen Damen in teuren Roben, die sich zu seinen Gefolgsleuten im Publikum begaben, die ihn stehend applaudierend empfingen. Ich selbst wusste, jetzt schlägt auch meine Stunde, stellte mich neben ihn und lauschte seinen ersten Worten, um sie zu übertragen. Doch sehr schnell begriff ich, dass er nicht imstande war, eine Rede zu halten, denn hinten und vorne stimmte alles nicht; nichts hatte Hand und Fuß; alles ergab keinen Sinn – für mich, denn die meisten Zuhörer dürften seine Sprache nicht verstanden haben. Wenn ich das, was der gute Herr von sich gab, wirklich und wörtlich übersetzt hätte, hätte er sich in höchstem Maße blamiert. Da gerät natürlich auch jeder Dolmetscher in höchste Not. Wie bloß mit alledem umgehen? Viel Zeit zu entscheiden blieb mir nicht. Nur meine immer vorhandene reiche Fantasie half mir und damit ihm aus der Patsche. Ich versuchte, mit einigen Brocken seiner Rede einigermaßen vernünftige Sätze zu formulieren, machte daraus eine Art eigener Rede; und dies von Anfang an bis zum bitteren Ende. Das war auch für mich sehr anstrengend und ja eigentlich genau das, was ein Dolmetscher nicht darf, nicht tun sollte. Doch – that's life!

Und danach kamen alle, die zu seinem Kreis gehörten und alles begriffen hatten, auf mich zu und bedankten sich für mein »Werk« mit den innigsten Worten. Ich hatte ihren Betrunkenen vor übler Bonner Berichterstattung gerettet …

OFFENBACH-POST

Donnerstag, 4. Februar 2016 · · · G 5461 · C · € 1,50   Amtliches ...nachungsblatt für Stadt und Kreis Offenbach   Offenbacher Zeitung

Mehr Sicherheit für Schüler
Stadt ändert die Verkehrsführung
in der Breslauer Straße → Dreieich Seite 11

Gefährlicher Virus
Zika-Infektion beim Sex: Fall in den USA
sorgt für Aufsehen → Panorama Seite 38

Halbe Million geknackt
Verein Weihnachtskalender mit
stolzer Bilanz → Dreieich Seite 11

SEITE 10   POLITIK   Donnerstag, 4. Februar 2016

Als das „Wirtschaftswunder" begann

In Zeiten großer Flüchtlingsströme lohnt ein Blick in die Zeit, als in Deutschland Millionen von Gastarbeitern ins Land strömten. Die Neu-Isenburgerin Ingeborg Kuhl de Solano hat dies auf bewegende Weise getan.

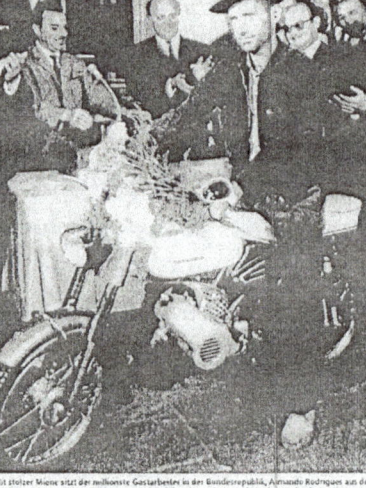

Mit stolzer Miene sitzt der millionste Gastarbeiter in der Bundesrepublik, Armando Rodrigues aus dem kleinen Dorf Vale de Madeiros in Portugal, auf dem Moped, das er bei seiner Ankunft am 10. September 1964 in Köln geschenkt bekam. – Foto: dpa

Ganzseitiger Artikel in der Offenbach-Post vom 4.2.2016. Betrachtungen zur Ankunft von Gastarbeitern im Buch »Durch die Wolken zu den Sternen«.

Zunehmender Bedarf an Fachkräften für Spanisch ab den 1960er-Jahren

In jener Zeit, als die Anzahl ausländischer Gastarbeiter in Deutschland immer mehr zunahm, waren, wie schon einmal gesagt, Sprachkundige an allen Fronten stark gefragt. Und das betraf meist zuerst Spanisch. Doch es war gar nicht so leicht, überhaupt welche zu finden, erst recht nicht, wenn es um anspruchsvolle und hochverantwortliche Tätigkeiten ging.

Damals erreichte mich ein sehr interessantes Angebot seitens des Hessischen Rundfunks, wo man gerade eine mehrsprachige Sendung für Gastarbeiter plante bzw. aufbaute und noch jemanden suchte, der die Radiomoderation für Spanisch übernehmen sollte, damit auch die Spanier weiterhin Nachrichten über ihre Heimat, aber auch etwas über Ereignisse aus dem deutschen Alltag in ihrer Sprache hören konnten.

Ich gehörte dann zwar zum engeren Kreis der Kandidaten, aber die Tätigkeit wurde schließlich und auch verständlicherweise einem gebürtigen Spanier übertragen, der sie über einen langen Zeitraum hinweg ausübte, während ich ihm nur immer zu Hause zuhörte.

Im Grunde genommen war ich allerdings froh, dass dieser Kelch an mir vorübergegangen war, denn bis zu Francos Tod im Jahr 1975 war so eine Aufgabe ohnehin ein heißes Eisen, ein heikles Unterfangen und mit viel Geschick und Diplomatie verbunden.

Drei Jahrzehnte später, es war im Jahr 1991, trat übrigens auch die Goethe-Universität Frankfurt/Main an mich heran und schlug mir vor, mich um einen Lehrauftrag für Spanisch am Institut für Romanische Sprachen und Literatur im Fachbereich Neuere Philologie zu bewerben, wo gerade der Bedarf bestand, die Stelle eines Spanischdozenten zu besetzen.

Ich reichte umgehend meine Bewerbung samt vieler Belege über alle meine bis dahin bereits ausgeübten umfangreichen Tätigkeiten ein. Doch auch hier wurde wieder einem anderen Kollegen der Vorzug eingeräumt, einem Hispanoamerikaner. Der Kollege hielt es aber nicht lange an diesem Arbeitsplatz aus, denn dort waren auch große Mengen von Korrekturen studentischer Arbeiten zu erledigen.

Beides wären für mich natürlich ohne Zweifel hochinteressante Aufgaben gewesen, denn schließlich bieten sich einem nicht oft im Leben solche Gelegenheiten. Doch man kann ja auch nicht bei allem Glück haben!

Dennoch blieb ich meiner alten Universität über viele Jahre verbunden, und zwar als Mitarbeiterin und Koreferentin im Fachbereich Moderne Sprachen des Deutschen Spanischlehrerverbandes, der auch die alljährlichen Jornadas Hispánicas organisierte.

Film und Fernsehen

In den Jahren 1970 bis 1984 übersetzte ich über 30 große spanische und iberoamerikanische **Spielfilme** für das Hessische Fernsehen und 1978 einen Monat lang viele spanische Filme über Mikrofon und Kopfhörer live für Besucher des Kommunalen Kinos sowie weitere für das Deutsche Filmmuseum. Und in den Jahren 1982 bis 1987 gehörte ich immer dann, wenn es bei den Kulenkampff-Sendungen Kandidaten aus dem spanischen Bereich gab, dem Dolmetscherteam an, das ich meist auch selbst zusammenstellte. Dabei war für mich die letzte Sendung die spannendste, als es ein Spanier bis auf den »Thron« schaffte. Dazu später mehr.

Die Übersetzung der Fernsehfilme, viele darunter von Carlos Saura, erfolgte stets in den Räumen des Hessischen Rundfunks. Dort war ich sozusagen die Erste, die den Originalfilm zu sehen bekam, und das war für mich stets ein Privileg, das ich auch genoss.

Um eine Entscheidung treffen zu können, ob man den Film überhaupt einplanen und dementsprechend eine Übersetzung ins Deutsche erfolgen sollte, fanden zuvor meist Vorführungen für einen kleinen Personenkreis statt. Dann wurden Teile des Films begutachtet, wozu ich diese Stellen in einem besonderen kleinen Raum live simultan zu übersetzen hatte. Für die Übersetzung anhand der Filmrollen stand mir ein Extraraum zur Verfügung, um in Ruhe arbeiten zu können. Da man bei dieser Tätigkeit ja immer wieder Stellen oder Szenen mehrmals ansehen und dazu den Film vor- und rückwärts drehen musste, um alles sowohl akustisch wie inhaltlich richtig zu verstehen, stand mir im Hintergrund ständig ein Techniker zur Verfügung. Für jeden Film brauchte ich normalerweise einige Tage, machte mir vor Ort alle erforderlichen Notizen und übertrug das Ganze dann zu Hause in aller Ruhe in Reinschrift.

Anhand dieser sogenannten Rohübersetzung erfolgte sodann durch eine andere, speziell dafür geeignete Fachkraft eine Synchronüberarbeitung des Textes, denn das gesprochene Wort muss ja auch im Deutschen an die Mundstellung des Sprechers angepasst werden.

Leider bestand damals noch nicht die Gewohnheit bzw. Pflicht, den Übersetzer am Ende des Filmabspanns namentlich zu erwähnen. Das macht mich im Nachhinein natürlich ein wenig traurig. Aber ich fertigte von meinen Übersetzungen stets eine Kopie an, und die gibt es immer noch, nur nicht mehr bei mir, denn ich habe meine zwei dicken Ordner im Jahr 2006 dem Sohn meines einstigen Spanischlektors der Universität Frankfurt/Main, der wie sein Vater Germán Olarieta heißt und in Cuenca, südöstlich von Madrid, beheimatet ist, übergeben. Er zeigte damals großes Interesse daran, da die Familie mit einem Bruder des Malers Carlos Saura gut befreundet war. Dieser hatte, so wie die Olarietas, bis zu seinem Tod auch in Cuenca gelebt.

Zu den von mir damals übersetzten Filmen füge ich eine Aufstellung an.

Danach folgt noch etwas mehr zu meinen weiteren Tätigkeiten für den HR. Sie betrafen Carlos Saura und Hans-Joachim Kulenkampff.

Von mir übersetzte (oder eingedolmetschte) spanische/iberoamerikanische Filme

	Filme Hessischer Rundfunk	**Verfasser**
11/70	Caliche sangriento (Blutiger Chile-Salpeter)	Buñuel
6/70	Las cabezas cortadas	Buñuel
5/71	El bruto	Buñuel
5/72	Jardín de las delicias (Garten der Lüste)	Saura
4/73	Abismos de Pasión (Abgründe der Leidenschaft)	Buñuel
11/73	Ana y los lobos (mit Geraldine Chaplin) (Anna und die Wölfe)	Saura
11/74	La prima Angélica (Cousine Angélica)	Saura
5/76	Cría Cuervos (mit Geraldine Chaplin) (Züchte Raben) (Cann!)	Saura
6/76	El espíritu de la colmena (Der Geist des Bienenstocks)	Erice
7/77	Elisa, vida mía (Mit Geraldine Chaplin)	Saura
7/78	A un Dios desconocido (betr. unter anderem García Lorca)	Chávarri
11/78	Los ojos vendados	Saura
11/79	Mamá cumple 100 años	Saura
3/80	De prisa, de prisa	Saura
12/81	(Los, Tempo!)	
3/81	Al servicio de la mujer española	Armiñán
7/81	Opera prima	Trueba
7/82	Dulces horas	Saura
5/83	Los dos mundos de Angélica	(USA/Pto. Rico)

1983	Valentina (nach: Sender) (Crónica del Alba)	Betancor u. a.
9/84	Truhanes	Arabal/Hermoso
10/84	El Sur	Erice

Filme Kommunales Kino

11/78	Raza	
	Aguiluchos de la FAI	
	Esa pareja feliz	
	Calle sin sol	
	Contactos	
	Día tras día	
	etc.	

Deutsches Filmmuseum

1971	Mi querida Señorita	Jaime des Armiñan
1975	Furtivos	José Luis Borau
1978	Siete días de enero	Juan Antonio Bardem

Mit Carlos Saura musste ich in den Jahren 1974 bis 1976 verschiedentlich korrespondieren, um für meine Übersetzungen einige Fragen zu Filmen von ihm zu klären, denn wer hätte dies besser gekonnt als der Autor selbst. So etwas kommt beim Übersetzen immer wieder mal vor. So erinnere ich mich daran, dass ich seinerzeit auch etwas zu dem Film »Cousine Angélica« zu klären hatte. Ich verfügte damals bezüglich einer von Saura zitierten Stelle aus der Literatur über zwei verschiedene Übersetzungen ins Deutsche, wusste aber nicht, welche dem Ansinnen des Autors am gerechtesten würde. Deshalb begab ich mich vor meiner Entscheidung in ein Kloster des Ordens, zu dem auch die Heilige Theresa von Ávila, eine spanische Mystikerin und Patronin Spaniens, ab 1537 gehört hatte, um deren Text es ging, und das war das Karmeliter-Kloster in Hainstadt.

Dieser »Gang« war für mich schon etwas Besonderes. Ich hatte mir dafür zuvor einen Termin geben lassen, denn ich musste mit der Oberin sprechen.

Sie kam dann auch, verblieb aber während des gesamten Gesprächs hinter einer gläsernen Trennwand. Das war schon eine eigenartige Situation. Wichtig war natürlich einzig und allein ihre Hilfe, dank derer ich meine Entscheidung treffen konnte.

Im Jahr 1974 schien es mir dann aber geratener, Saura persönlich zur Klärung verschiedener Stellen eines gerade von mir bearbeiteten weiteren Films aufzusuchen, da ich ohnehin gerade in Zentralspanien Urlaub machte. Der Hessische Rundfunk hatte dem auch zugestimmt.

Er bat mich dazu in seine Wohnung in Madrid, wo er damals mit Geraldine Chaplin und beider gerade geborenen Söhnchen Shane lebte, bis sie sich (ich glaube 2006) trennten.

Geraldine war damals ca. 30 Jahre alt und ich ca. 40. Carlos und Geraldine waren sehr gastfreundlich; ja sie selbst kochte sogar etwas Gutes für uns drei.

Aber das für mich Interessanteste bei diesem Besuch war das lange Gespräch mit ihr, da ich sie sehr schätze. In ihrem Gesicht, in das ich dabei ständig direkt schauen konnte, konnte ich sowohl Züge ihrer Mutter Oona O'Neill wie auch ihres Vater Charles (Charlie) (1889–1977) erkennen.

Geraldine ist ja das erste von sechs Kindern, die Chaplin mit seiner dritten Frau Oona hatte. Sie spielte übrigens in neun Saurafilmen eine Rolle.

Es war einfach faszinierend, eine Tochter des alten Chaplin vor sich sitzen zu haben und ihr zuzuhören, zumal ich mich ja von jeher für das wundervolle Lebenswerk ihres Vaters, dem großartigen Schauspieler, Film-Komiker und Produzenten, interessierte, besonders seinen 1952 entstandenen Film »Candilejas« (zu Deutsch »Rampenlicht«) liebe. Ich weiß nicht, wie oft ich ihn mir, allerdings in der spanischen Version, angesehen habe – die ersten Male in den Jahren 1954/55, als ich in Spanien lebte.

Wer noch nichts von ihm gesehen hat, sollte das unbedingt nachholen, denn seine Filme stecken voller Weisheiten. Die ersten waren allerdings noch untertitelte Stummfilme, so wie zum Beispiel »Moderne Zeiten«. Grandios finde ich auch seine Hitlerparodie, ebenso wie viele andere. Aber Chaplin, der Akrobatikclown und Filmkomiker, Schauspieler und Produzent, war auch ein echter Charmeur …

Etwas, was ich auch nie vergessen werde, sind die regelmäßigen Eurovisions-Livesendungen mit Hans-Joachim Kulenkampff, dem großen Showmaster. Seine Sendungen mit dem Titel »Einer wird gewinnen« füllten über Jahre die Säle großer Veranstaltungsgebäude und begeisterten ebenso die vielen Zuschauer an häuslichen Fernsehschirmen.

Die Fragen, die »Kuli« (wie wir ihn nannten) den Kandidaten aus verschiedenen europäischen Ländern stellte, stammten aus allen erdenklichen, aber oft auch nicht vorstellbaren Gebieten der Kultur, der Geschichte, Literatur, Musik, Malerei, Natur, Technik, Mode etc., ähnelten der vorangegangenen Just-Scheu-Show. Ihm zur Seite stand viele Jahre lang seine Assistentin Gabi. Und keine Sendung endete, ohne dass nicht sein Butler Martin ihm Schal und Mantel brachte. Beide, Gabi und Martin, erschienen auch noch einmal zu seiner letzten Sendung am 21. November 1987.

Während seiner Gespräche mit den Kandidaten konnte er genauso charmant und voller spontaner Einfälle sein wie gelegentlich auch schon mal leicht arrogant oder – wie ich manchmal dachte – parteiisch.

Die von ihm engagierten Kandidaten sprachen durchweg gut deutsch; aber es musste ja auch sichergestellt sein, dass ihnen im Notfall Dolmetscher zur Verfügung stünden, zumal, wenn die Fragen die ausgefallensten Vokabeln beinhalteten, die normalerweise nicht einmal einem Deutschen geläufig sind. Oder kennen Sie vielleicht alle Namen von Hunderassen? – um nur ein Beispiel zu nennen … Und dann kam eben ein Dolmetscher zum Einsatz. Doch dieser kannte solch ausgefallene Wörter ebenso wenig. Er hatte lediglich Gelegenheit bekommen, sich vorzubereiten: Zwei Stunden vor der Livesendung erhielten nämlich alle Dolmetscher Unterlagen und konnten sich anhand mitgebrachter Fachlexika Notizen machen. Alles musste sofort erlernt werden, denn bei laufender Sendung kann man sie ja schließlich nicht aus der Tasche hervorzaubern. Da musste man in kurzer Zeit hart ran. Doch niemand konnte einem garantieren, dass das, was man im Hirn gestapelt hatte, auch wirklich so drankam, der Kandidat/die Kandidatin brachte vielleicht einen ganz anderen Begriff ein, von dem man selbst auch wiederum keine Ahnung hatte, sich ja darauf auch nicht vorbereiten konnte. Es gab also keine Garantie, sondern nur die Möglichkeit, schnellstens zu reagieren, denn die Kameras liefen ja weiter.

Während unserer Vorbereitungszeit befanden wir Dolmetscher uns übrigens stets in einem nach außen hin hermetisch abgeschirmten Raum. Es durfte ja schließlich nichts nach draußen gelangen.

Vor jeder Abendsendung, einerlei in welcher Stadt es war, gab es außerdem vormittags eine Art Hauptprobe, allerdings mit Statisten (meist Studenten) und natürlich auch mit anderen Themen. Auch wir Dolmetscher nahmen daran schon teil, noch im Alltagsdress; denn für den Abend hatte man sich natürlich sehr wohl überlegt, was man tragen würde. Es sollte ja möglichen Fernsehbildern angemessen sein.

Und dann kam der Abend und auch für uns Dolmetscher die Stunde der Wahrheit. Alle waren wir recht nervös, auch wenn wir uns gelassen und souverän gaben … Kenntnisse und Erfahrungen hin oder her! Es hieß einfach: Tapfer hinein in den Saal und natürlich in die erste Reihe, um gegebenenfalls schnellstens auf der ebenerdig eingerichteten Bühne sein zu können. Dazu war allerdings ein Kabelsalat zu überwinden, der zu den verschiedenen Kameras gehörte. Dieses Durcheinander war gerade für uns Frauen mit den hohen Absätzen recht gefährlich und erforderte akrobatische Schnellleistungen, um den Weg unfallfrei zu überstehen.

Die Sendung begann und man verfolgte alles mit größter Konzentration. Es lief ja direkt vor einem ab. Ständig checkte man sein Gehirn, wie man denn selbst in diesem oder jenem Fall reagiert hätte; fragte sich, ob man die Vokabel gewusst hätte. Und so saß man, bis der Kandidat der eigenen Dolmetschersprache drankam, ständig auf heißen Kohlen, stets hoch angespannt.

In meiner letzten Sendung schaffte es ein Spanier schließlich bis hoch hinauf auf den Thron. Meine Spannung musste bis zur letzten Minute durchgehalten werden, denn ich war mir bewusst, dass ich vielleicht plötzlich auf die Bühne und damit auch vor die Kameras muss und vielen Zuschaueraugen ausgesetzt bin. Schließlich wollte ich mich nicht blamieren.

Doch »mein« Spanier, der übrigens ein wunderbares Deutsch sprach, machte seine Sache ausgezeichnet. Er wusste alles und gewann vor allen seinen Mitkämpfern. Er brauchte mich in keinem Moment.

Und damit war mir auch ein Lauf über den Kabelsalat erspart geblieben. Ich war stolz auf »meinen« Spanier.

Von dieser Sendung nun nachfolgend ein paar Fotos.

Holger Weinert vom HR 3 interviewt Geraldine Chaplin
auf dem Frankfurter Opernball (April 2002)

Geraldine Chaplin

Sandra Maischberger interviewt Geraldine Chaplin
in einer Sendung im Juni 2004 bei 3SAT

Geraldine Chaplin auf Sendung bei Sandra Maischberger 3SAT, 2004

Hans Joachim Kulenkampff (1987)

Im HR: letzte Sendung von Kulenkampff
nach 35 Jahren am 21.11.1987, vorn rechts die Autorin

Im HR: letzte Sendung von Kulenkampff (1987)
Thema: Autos und Mode

Im HR: letzte Sendung vom Kulenkampff (1987)
Thema: Malerei

Im HR: letzte Sendung von Kulenkampff (1987):
Der Gewinner, ein Spanier, auf dem Thron

Kapitel 7

Personen und Persönlichkeiten,
denen ich begegnete

$\mathcal{M}$an wird sich nach all dem Beschriebenen, diesen meinen so verschiedenartigen Einsätzen, nun auch leicht vorstellen können, dass ich dabei gleichzeitig sehr viele interessante Menschen kennenlernte – darunter einige, die mich sehr beeindruckten.

Dazu gehörten unter anderem im **politischen und wirtschaftlichen Bereich** Staatspräsidenten, Ministerpräsidenten, Politiker, Diplomaten, Industrielle, Banker etc., darunter zum Beispiel:

- im Juni 1964 der spanische Politiker Luis Carrero Blanco Iriarte
- 1979: der Vorsitzende des Aufsichtsrats der Deutschen Bank, Hermann Josef Abs (ein galanter Kavalier!)
- 1984: der Großindustrielle, Multimillionär und Sherry Baron José Maria Ruiz Mateos (von der Firma Rumasa)
- 1979: der Journalist Dieter Kronzucker u.v.a.

Im Bereich der Musik:
- durch mein Orgelstudium in Barcelona (1954/55): mein Lehrer, ein Neffe von César Franck
- und dadurch damals gleichzeitig die später berühmte Organistin Montserrat Torrent (Barcelona) sowie etwa
- in den gleichen Jahren in Frankfurt/Main Lolita Tagore, Gitarristin und Urenkelin des indischen Dichters und Philosophen Rabindranath Tagore (wir waren über viele Jahre gut befreundet)
- anlässlich eines Konzertes in Frankfurt/Main der damalige Dirigent des spanischen Nationalorchesters, Rafael Frühbeck de Burgos (8./9. Januar 1976 und 27. Oktober 1997)
- bei einem seiner letzten Konzerte in Frankfurt/Main der spanische Gitarrist Andrés Segovia

- bei einem Konzert in Barcelona sowie kurz danach in Ostberlin der
  Dirigent der Tschechischen Philharmonie, Jiří Bělohlávek (im Mai 1979)
- der spanische Pianist Guillermo González Hernández (ab 2003)
- der spanische Opernstar José Carreras (Konzert Deutschland 2/2002)
- der uruguayische Gitarrist José Fernández Bardesio in Frankfurt/Main
- der chilenische Sänger und Gitarrist Oscar Andrade in Frankfurt/Main

Im Bereich Tanz/Theater
- durch mein Dolmetschen bei einer Pressekonferenz anlässlich einer
  Aufführung in der Alten Oper Frankfurt/Main der spanische Tänzer
  Antonio Gades (1989 und erneut 15.–19. Oktober 1996)
- zu diesem Bereich gehören aber auch eigene Werke von mir,
  so zu Theater mein umfangreiches Werk »Kolumbus & Co.« (1992)
  und im Bereich Tanz und Theater mein Drehbuch für Tanz und
  mimisches Theater zu der Musik der »Carmina burana« von Carl Orff
  (1997)

Im Bereich Film/Medien
- der spanische Regisseur Carlos Saura und seine damalige Lebensgefährtin
  Geraldine Chaplin in Madrid (1973/74)
- der Regisseur Bernd Eichinger bei seinen Dreharbeiten im Kloster Eber-
  bach (1985/86) anlässlich des Films »Der Name der Rose«
- Hans-Joachim Kulenkampff, der Showmaster von »Einer wird gewinnen«
  (was mich direkt betrifft: in den Jahren 1982–1987)
- der damals sehr bekannte TV-Redakteur Dieter Kronzucker (April 1979)
- unter diesen Bereich fallen ebenfalls auch wieder eigene Werke, nämlich
  Übersetzungen von über 30 spanischen Spielfilmen für den Hessischen
  Rundfunk (Degeto) und andere Auftraggeber (1970–1984)

Im Bereich Literatur
- der Schriftsteller Mario Vargas Llosa/Peru bei der DIAG, der Deutsch-
  Iberoamerikanischen Gesellschaft, Frankfurt/Main (Oktober 1983)
- ebenso der spanische Schriftsteller Juan Goytisolo
- der Schriftsteller, Nobelpreisträger und Diplomat Octavio Paz/Mexiko

anlässlich eines Galadinners ihm zu Ehren in der Residenz des Hessischen Ministerpräsidenten Börner in Wiesbaden am 6. Oktober 1984

- und bei dem gleichen Anlass der Frankfurter Verleger Unseld, ebenso wie
- der Verleger Juan Mejía Baca aus Lima/Perú (anlässlich eines Vortrags in der DIAG)
- auch unter diesen Bereich fallen eigene Werke von mir –
  zwei Übersetzungen:

a) »Erziehung zur Befreiung – Volkspädagogik in Lateinamerika« von Erika Stückrath-Taubert (Hg.), erschienen 1975 bei rororo

b) »Pflanzenwelt Chiles«, Sonderheft Nr. 19 der Stadt Frankfurt/Main (1992) für den Palmengarten zu dessen Ausstellung »Flora der Galapagosinseln« (1994) (s. Foto mit Dr. Zizka)

- und ab 2010 begann meine eigene literarische Produktion.
  Es erschienen:

2012 »Durch die Wolken zu den Sternen«, eine Biografie meiner Mutter (1910–1980) einschließlich Zeitgeschichte

2013 eine Übersetzung dieses Buches ins Englische

2014 »Aphorismen und andere köstliche Kleinigkeiten«

2015 »Mentale Dialoge mit einer Amaryllis«

2017 »Wege des Glücks«

2019 »Junge Liebe« (zu dem Frankfurter Bildhauer Hans Steinbrenner)

Im Bereich Kunst/Malerei

- Luis Chillida Belzunce (Sohn von Chillida), Bilbao, in Frankfurt/Main im Juni 2003, gelegentlich einer Präsentation des Baskenlandes
- die Malerin Virginia Tagle/Chile (1992) und
- die beiden spanischen Maler Rafael Amengual (1979) und Helio Gógar (1981)

Im persönlichen Bereich

- Dr. Manuel Gutiérrez Marín, 1954/55, evangelischer Pfarrer in Barcelona und damals Präsident der Evangelischen Kirche Spaniens, ein Mann mit der Ausstrahlung eines großen Propheten

Diese Auflistung ist allerdings keineswegs erschöpfend, und vor allem erfasst sie nicht alle meine guten Freunde, die mich im Leben begleiteten/begleiten, denen ich danke für alles, was sie mir gaben/geben; auch nicht die vielen, die keine große Namen haben, nicht bekannt sind, aber die ich genauso schätze, denen ich begegnete, gerade auf meinen großen Reisen, wie nach Nord-, Süd- und Mittelamerika sowie nach Australien und Neuseeland.

Alle haben mir viel bedeutet, jeder auf seine Weise; sie leben in mir fort und bleiben unvergessen als Menschen mit Seele, Herz und Verstand.

Mit Dr. Zizka bei der Eröffnung der Ausstellung
zur »Flora der Galapagosinseln« im Palmengarten, Frankfurt/Main (1994)

Antonio Gades (mit Geburtsnamen Esteve Ródenas), Tänzer, Choreograf und Erneuerer des Flamenco. Erster Tänzer an der Scala von Mailand und Gründer des spanischen Staatsballetts »Ballett Nacional de España«, hier im Mai 1998. In seinen großen Aufführungen, darunter »Amor brujo«, »Bodas de sangre«, »Carmen« oder »Fuenteovejuna«, verband er Flamenco mit Theater.

Besuch der spanischen Big Band/Madrid (1991) in der Schillerschule
und Veranstaltung »Musik aus den 20er-Jahren«.
Die deutsche Spanischlehrerin im Look der Twenties

Kapitel 8

Lehren

Und nun zu einem weiteren beruflichen Standbein von mir: dem Lehren, dem Weitergeben von Kenntnissen in Sprache und Kultur, also einem weiteren Beispiel für Sprache im Beruf.

Vom Lehren und Lernen verstehen eigentlich alle Menschen etwas, oder besser gesagt mehr oder weniger etwas. Schließlich hatte ja jeder Eltern und Lehrer. Sie lehrten uns etwas und wir wollten auch von ihnen etwas lernen; und wir beobachteten sie dabei, wie gut oder schlecht sie es machten, denn sie wollten und sollten ja auch Vorbilder für uns sein, obwohl beide am Anfang gar keine Erfahrung darin haben; sie müssen sie erst aufbauen. Richtig beurteilen kann man sie allerdings erst im Laufe seines eigenen Lebens, wenn man alles besser erkennt. Doch selbst als Kind ist man durchaus schon in der Lage, vieles festzustellen. Und auch dies: Eltern ersetzen keine Lehrer und Lehrer keine Eltern. Sie erfüllen ähnliche und doch unterschiedliche Aufgaben. Aber beide können wecken und fördern, Einfluss auf unser ganzes Leben haben. Was man hingegen natürlich nie voraussagen kann, ist, ob ihre Samen in uns aufgehen, denn jedes neue Wesen bringt schon von Geburt an sein eigenes buntes Mosaik, sein Erbgut mit, Gaben wie Mängel seiner Vorfahren, tief reichende Wurzeln, die in uns Verhaltensweisen auslösen, auch Lust oder Abneigung. Und aus alledem entwickelt sich dann das, was wir im Leben daraus machen, machen können.

Ich persönlich bin sehr dankbar für mein diverses Erbgut und weiß auch genau, von wem ich was habe: das Schreiben/Dichten/Malen/Musizieren und die große Liebe zur Natur; dazu weckten in mir Gelegenheiten des Lebens großes Interesse an Kunst/Theater/Sprachen/Reisen und schließlich von früh auf den Wunsch, weiterzugeben, junge Leute mit einbeziehen und ihnen die Augen für das Schöne öffnen zu wollen. Mein Interesse an Sprachen könnte in frühen Kinderjahren entstanden sein: In unserer Familie sprachen wir zwar hochdeutsch, aber in Frankfurt/Main hörte man natürlich auch täglich das Frankfurterische. Während der Evakuierungszeit war ich fast zwei Jahre vom Oberhessischen umgeben, ja hatte durch einen Zufall sogar kurze Zeit ersten Englischunterricht genossen, weil eine kleine Freundin von mir wegen ihrer halbjüdischen Herkunft vom christlichen Vater vom Schulunterricht ferngehalten und von ihrem älteren Bruder zu Hause unterrichtet wurde; und an ihrem Englischunterricht durfte ich teilhaben. Und so dürften auch die ersten Grundlagen für den Aufbau weiteren Rüstzeugs für **meine drei Berufe** entstanden sein, sich weiterentwickelt haben. Aber obwohl diese drei viel Gemeinsames haben, unterscheiden sie sich doch wesentlich in einigen Details, wie oben ausgeführt:

Übersetzer arbeiten unbeobachtet in Ruhe und Stille, aber mit dem Vorteil, viele Hilfsmittel, die sie benötigen, schnell greifbar zu haben. Dolmetscher sind der öffentlichen Beobachtung ausgesetzt und total abhängig vom Sprecher. Beide können freiberuflich wie angestellt tätig sein und benötigen nicht unbedingt ein Studium, so wie der **Lehrer**, der mindestens drei Jahre die Universität besucht und weitere zwei Jahre ein Referendariat an einer Schule absolviert. Er ist zwar von Gesetzen und Lehrplänen abhängig, verfügt aber über einen breiten und vielfältigen Gestaltungsrahmen: Er kann sowohl in der Schule selbst wie auch außerhalb derselben große Kreativität entfalten – eine Chance, von der ich reichlich Gebrauch machte, sie nutzte. Dazu später einige Beispiele.

Sprache dient aber nicht allein der Verständigung zwischen den Menschen, sondern sie genießen sie ja auch im Theater, in der Musik und über die Körpersprache, sogar im Tanz. Auf all dies werde ich hier in Kürze noch eingehen; erst möchte ich mich mal einer Anregung erinnern, die ich niemals vergessen werde und die mit dem Lehrerberuf zu tun hat.

Ich hatte bereits in der Volksschule einen vorzüglichen Lehrer, der auch der Schulleiter war und uns in fast allen Fächern selbst unterrichtete. Das für mich Besondere an ihm war, dass er eines Tages anbot, denjenigen von uns Schülern und Schülerinnen, die Interesse daran hätten, auch Klavierunterricht zu geben. Da meldete ich mich, denn bei uns zu Hause gab es schon ab den jungen

Jahren meiner Mutter ein Klavier, auf dem auch sie selbst spielte. Und mit mir meldeten sich zwei andere Mädels. Wir drei hatten abwechselnd bei mir oder meiner Freundin Doris A., bei der es auch ein Klavier gab, Unterricht bei ihm, jede einzeln und jede auch mit ihm vierhändig spielend, was sehr schön war. Dabei stellte sich heraus, dass er nicht nur ein guter Lehrer und Vollblutpädagoge, sondern auch ein fantastischer Klavierspieler war. Ich schreibe dazu in der Biografie meiner Mutter, meinem ersten eigenen Buch (ab Seite 238): »Lehrer sollten eigentlich Persönlichkeiten sein, sollten Mut, Einsatz und große Verantwortlichkeit zeigen und vor allem imstande sein, in Kindern das Feuer, das in ihnen selbst brennt, zu entzünden. Ihre Aufgabe sollte nicht allein das Lehren und Verwalten sein, sondern sie sollten durch große Vielseitigkeit ihr Interesse auf die Entwicklung des ganzen jungen Menschen ausrichten.«

Zur Zeit seines Angebots, dem ich mit Begeisterung folgte, war ich sieben Jahre alt. Der Zweite Weltkrieg hatte gerade zwei Jahre zuvor begonnen.

Die Samen dieses Lehrers, seine Anregungen, uns für Musik zu begeistern, fruchteten damals nicht nur in mir, sondern auch in meiner Freundin Doris, und sie hielten an – ein Leben lang. Wir spielen beide seit jenen Tagen bis heute ununterbrochen Klavier und oft auch gemeinsam vierhändig, inzwischen große, schwere und nach wie vor sehr schöne Musik.

Ein ähnliches Engagement zeigten übrigens auch fast alle meine Lehrer gleich nach dem Krieg, dann auf dem Gymnasium. Man war damals genötigt, ältere Jahrgänge wieder zu aktivieren, die nicht in den Krieg eingezogen worden waren, hatte sie, da es noch nicht genug jüngere ausgebildete Lehrer gab, »an Bord« geholt. Und diese verstanden ihr Handwerk vorzüglich. Sie beeindruckten uns Schülerinnen unseres noch reinen Mädchengymnasiums damals und für immer. Sie hatten diesen Beruf offenbar irgendwann und unübersehbar aus echter Berufung ergriffen und verstanden es, uns rundherum zu begeistern. Da machte Schule Spaß!

Die Voraussetzungen für gutes Lehren sind aus meiner Sicht zwar entsprechende Anlagen in einem Menschen, andererseits aber auch ihre Fähigkeit, ihr Wissen so weiterzuvermitteln, dass sie junge Menschen begeistern. Mich beeindruckten damals diejenigen Lehrer, die Englisch, Geschichte, Kunst und Biologie unterrichteten, und insbesondere die, die mit uns auch mal raus aus der Schule gingen, in Museen im Kunstunterricht, in die Natur im Biologieunterricht; aber auch solche, die mit uns Singspiele oder Theaterstücke aufführten (siehe Biografie meiner Mutter, Seiten 403–411) oder uns im Deutschunterricht aufgaben, Gedichte mit vielen Strophen auswendig zu lernen und vor der Klasse vorzutragen – fast eine Vorstufe fürs Theaterspielen!

Zu diesen engagierten Lehrern gehörte übrigens auch ein offenbar hispanophiler Sprachlehrer, dem die romanischen, also auf dem Latein aufbauenden Sprachen, am Herzen lagen. Er bot schon damals für interessierte Schüler und Schülerinnen etwas noch ganz Exotisches an: eine Spanisch-Arbeitsgemeinschaft. Und bei ihm genoss ich meinen allerersten Spanischunterricht, der so maßgebend für mich werden sollte … Spanisch machte mir viel Spaß; ich baute es immer weiter auf, zuerst in Deutschland und dann während meiner zwei Jahre Berufstätigkeit in Spanien, was ich schon beschrieben habe. Und als ich mit 21 Jahren nach Deutschland zurückkehrte, zeigte man in meinem früheren Gymnasium sehr bald Interesse daran, dass ich dort selbst auch Spanisch in Form von Arbeitsgemeinschaften unterrichtete, was sich über 25 Jahre erstrecken sollte. So kam es vom Lernen zum Lehren, und das machte mir viel Spaß, beschränkte sich aber schon sehr bald nicht mehr nur auf Spanisch, sondern gestaltete sich sogar in umgekehrter Richtung. Denn ab Ende der 1950er-Jahre gab es in Deutschland immer mehr Gastarbeiter – wie schon gesagt, viele aus Spanien –, die Deutsch lernen sollten. Und Deutsche ihrerseits wollten Spanisch lernen, da der Tourismus zu erblühen begann. Und dieser betraf auch einen Beruf im Luftverkehr:

Nun sollten deswegen nämlich auch angehende Stewardessen Spanisch lernen, und zwar an der Stätte ihrer Ausbildung. Das war damals die **Luftfahrtschule** AVIAS. Dort erteilte ich Spanischunterricht in den Jahren 1963 bis 1966, natürlich nur in Bezug auf das, was deren erforderliche Sprachkenntnisse für diese Branche betraf.

Auch bei meiner früheren Firma Degussa bat man mich, doch einen

Spanischkurs anzubieten, denn im Zuge der steigenden wirtschaftlichen Entwicklung sollten leitende Führungskräfte einige Sprachkenntnisse für die Beziehungen zu hispanischen Ländern erwerben. Dieser Kurs erstreckte sich über etwa ein Jahr. In solchen Kursen konnte man natürlich nur Grundkenntnisse vermitteln. Für Personen, die bereits über solche verfügten, gab es damals eigentlich nur eine Möglichkeit, sie weiter auszubauen, nämlich bei der bereits erwähnten DIAG, der ich dazu zur Verfügung stand. Dort fanden ja auch regelmäßig Vorträge und Ausstellungen statt.

Und schließlich bot auch die **Volkshochschule** immer mehr Kurse an, sozusagen für jedermann. Diesem Bedarf kam ich über lange Zeit nach, und zwar von 1964 bis 1976; und am Ende konnte man bei mir dort sogenannte Zertifikatsprüfungen ablegen oder einen Kurs für Handelskorrespondenz absolvieren.

Die Anregung, doch endlich auch noch ein **Lehramtsstudium** zu realisieren, ging übrigens von der damaligen Leiterin meines früheren Gymnasiums aus, und dafür bin ich ihr bis heute sehr dankbar; denn wenn man schon älter ist, fehlt einem auch ein wenig die Courage dazu. Das war zu einer Zeit, als ich dort in der Woche drei verschiedene Spanischkurse leitete und bereits einen regen **Schüleraustausch** mit der Deutschen Schule in Madrid, und zwar mit den dortigen spanischen Kindern, durchführte. Dieser Austausch fand während der Jahre 1988 bis 1994 siebenmal statt, und ich versuchte jedes Mal, ihn abwechslungsreich zu gestalten. Auch Eltern oder Kollegen sprach ich an mitzukommen, und immer kam auch mal dieser oder jener mit, einmal ein Zeichen- und ein Musiklehrer.

Wenn unsere Gäste aus Spanien bei uns weilten, organisierten wir für sie immer etwas Besonderes, vor allem einen Empfang der Stadt Frankfurt/Main im Kaisersaal des Römers. Aber wir fuhren auch mit einem Bus zu schönen Orten, zum Beispiel nach Büdingen. Dort besahen wir uns die Altstadt und das Schloss und zeichneten die alten Fachwerkhäuser. Im Anschluss daran fuhren wir hinaus in den Wald, veranstalteten dort ein Picknick und eine Prämierung der besten Zeichnungen.

Einmal organisierte ich sogar einen Austausch zwischen den jeweiligen Schulorchestern; und als die flotte spanische Band bei uns weilte, konnte sie dank meiner entsprechenden Vorbereitung mal etwas ganz anderes erleben: Sie durfte in einem hessischen Jugendstrafgefängnis spielen und danach sogar Gespräche mit den einsitzenden Jugendlichen führen – natürlich alles unter strengsten Sicherheitsvorkehrungen! Das war ein Superereignis für alle Beteiligten!

Das Nonplusultra war jedoch, unbescheiden gesagt, sicherlich mein letzter für die Schillerschule organisierter Austausch, nämlich mit Schülern aus Australien, und zwar mit dem Grace Lutheran College in Redcliff bei Brisbane, Teil einer dortigen Internatskette, die sich über ganz Queensland erstreckt. Dieses College ist eine reine Privatschule und sehr feudal ausgestattet, nämlich mit einer Theaterhalle, einem Swimmingpool und einer Sternwarte. Das war im Jahr 1995 und für mich durchführbar, da ich dort – ebenso wie in den USA – einen großen Stamm von Verwandten (Nachfahren meiner väterlichen Vorfahren, die auswanderten), aber auch viele Freunde habe. In diesem Fall kam der Auslandsaufenthalt der Schüler zwar nicht dem Spanischen, aber dem Englischen zugute, was ja auch zu meiner Ausbildung und zu meinen Interessen gehört.

Bei alledem war es mir immer wichtig, von der Theorie im Klassenraum hinaus in das Land der Zielsprache zu reisen, dort zu verweilen, Land und Leute, ihre Gepflogenheiten, ihre Umgebung, ihre Kultur vor Ort kennenzulernen; den jungen Menschen die Augen für Realitäten, für Schönes zu öffnen, damit sie selbst später mal ein interessantes Leben führen, vielleicht auch selbst mal eine Weile dort leben könnten. Ich weiß von einigen Schülern, die mit mir reisten, dass sie und ihre Familien aus jener Zeit bis heute und über alle Grenzen hinweg noch immer Kontakte zu ihren Austausch-Freunden von damals pflegen. Und in der Tat verbrachte auch dieser oder jener später wirklich mal ein paar Jahre in Spanien. Welche Freude für mich!

Doch nun zu den letzten Jahren meines Lehrerberufs. Meine Festanstellung gelang mir erst spät, im Jahr 1986, und sie endete nach 18 Jahren im Jahr 2004, als ich »endlich« in Rente ging. Damals war ich bereits 69 Jahre alt; aber 70 wollte ich doch nicht mehr in der Schule werden. Inzwischen war ich ja lange genug »in die Schule gegangen«. Doch zu vielen meiner einstigen Schüler/-innen habe ich bis heute noch wunderbare Kontakte.

Zu jener Zeit gab es zwei Schulen/Schuldirektoren, die mich an ihrer Schule haben wollten: Die eine hätte allen meinen Wünschen entsprochen, war aber mit einer sehr langen Anfahrt bis zur Nordseite Frankfurts verbunden, und dies galt ja auch für alle Wetter und Jahreszeiten, abgesehen davon, dass Schule ja meist schon um acht Uhr früh beginnt. Und da entschloss ich mich für die mir näher, fast um die Ecke gelegene: die Max-Eyth-Schule (MES) in Dreieich-Sprendlingen.

Und was erwartete mich dort? Nun, lesen Sie einfach weiter …

In diesem Schulkomplex wurden sehr verschiedene schulische Bereiche angeboten. Spanisch war etabliert im **Wirtschaftsgymnasium** und in einer Berufsfachschule für **Fremdsprachensekretärinnen**, wobei »etabliert« eigentlich nicht stimmte, denn es war erst ab meiner Anwesenheit in dieser Schule überhaupt möglich, es zu wählen – und dies, weil eben bis dahin nur Englisch und Französisch angeboten worden waren. Zu meiner großen Freude entschieden sich bald viele Schüler für das exotischere Spanisch – sehr zum Nachteil oder zum Bedauern der Französischkollegen, die zwar versuchten, auch für sich Schüler an Land zu ziehen, doch vergebens; nur sehr wenige entschieden sich um. Aber die Schüler mussten auf jeden Fall zwei Fremdsprachen belegen (Englisch war dabei Pflichtfach).

Ich ging zwar glücklich und zufrieden an meine Arbeit, ahnte aber noch nicht, was mich alles erwartete. Und das bezog sich auf die überkurze Zeit, die mir und meinen Schülern überhaupt zur Verfügung stand, um sich für die so rasch bevorstehende Prüfung vorzubereiten; denn beide, die Gymnasiasten wie die angehenden Sekretärinnen, hatten keinerlei Spanischvorkenntnisse. Ich konnte/musste mich in meinem Unterricht auf die dringend erforderlichen Grundlagen beschränken – eine Reduktion, die mir fast wehtat; und Außerschulisches wollte ich doch, wie bei mir üblich, unbedingt auch realisieren. Es machte ja nie nur mich, sondern auch die Schüler glücklich, motivierte, regte an.

Die Oberstufenschüler des Wirtschaftsgymnasiums hatten für den Aufbau ihrer Spanischkenntnisse von null bis zu ihrem mündlichen Abitur nur zweieinhalb Jahre Zeit. Das war für sie wie für mich als Lehrperson eigentlich unmöglich und nur mit »Klimmzügen« halbwegs zu bewältigen. Ich versuchte immer, etwas Umsetzbares zu finden, was nicht so schwer für sie wäre und ihnen gleichzeitig Spaß machen würde, entschied mich zum Beispiel einmal (1997) für das Thema spanische Malerei. Wir beschäftigten uns dann mit spanischen Malern, vor allem mit Joan Miró (geb. 1893 in Barcelona), einem Improvisator der Darstellung abstrakter Wesen, dekorativ und lyrisch erfunden, vereint mit Farbflecken, die an Insekten oder Bakterien erinnern. Während dieser Unterrichtsstunden erschufen diese Schüler ein ca. drei Meter langes Wandgemälde, eine Art **Collage à la Miró** (siehe unten). Dabei beschäftigte sich jeder Schüler mit der Kunst von Miró, empfand ihn nach, wurde selbst kreativ und brachte sich mit einem eigenen Beitrag ein. Und auch in ihrem mündlichen Abitur war Malerei das Thema. Es verlief alles zu unser beider Zufriedenheit, und die Kollegen bestaunten sogar unser Wandgemälde an einer Schulflurwand.

Die jungen Mädchen, die die Berufsfachschule für Fremdsprachensekretariat besuchten, hatten zuvor das Abitur abgelegt oder die mittlere Reife erlangt und nur zwei Jahre Zeit, eine Prüfung in spanischer Handelskorrespondenz zu bestehen, die aus einem schriftlichen und einem mündlichen Teil bestand. Um das hinzukriegen, verbrachte ich viel Zeit damit, den Unterricht vorzubereiten.

Ich beschloss, dafür ein Jahr zum Erlernen der wichtigsten Grammatik und ein Jahr für den Aufbau des nötigsten Wortschatzes für die Handelskorrespondenz und deren Umsetzung in Briefe etc. einzusetzen, in deren Kenntnis ich ja während meines eigenen Spanienaufenthaltes gekommen war und die ich nun anwenden konnte. Das alles war – wiederum für beide, Schülerinnen wie Lehrerin – nicht einfach, war viel Arbeit.

Für die Oberstufenschüler des Jahres 1994 hatte ich übrigens zuvor schon mal eine **Studienreise nach Madrid** und Umgebung organisiert; und für die Sekretärinnen des Jahrgangs 2001 bis 2003 gab es sogar berufsbezogene **Praktika in Cuenca**, wo ich ja, wie schon einmal erwähnt, gute Freunde habe. Dort spricht man nicht nur ein gutes Hochspanisch, sondern die Mädels konnten beste Arbeitsplätze genießen; so zum Beispiel im Vorzimmer des Universitätsdirektors oder dem eines Hoteldirektors. Und darüber hinaus hatten sie jeden Tag weiterhin Spanischunterricht. Das alles zusammen führte damals zu einem großen Zugewinn.

Natürlich unternahmen wir am Wochenende auch immer etwas Interessantes. Schon bevor die Praktika begannen, machten wir einen Ausflug in die Umgebung von Madrid: zum Escorial, dem Valle des los Caídos, nach Aranjuez, Segovia und Avila etc. Erst danach verbrachten wir unsere vier Wochen Praktika in Cuenca, der Stadt der »hängenden Häuser« – so genannt, weil sie auf hohen Felswänden thronen. Doch wir wohnten dort in einem Seminarhaus.

Als wir bei unserer ersten Fahrt vor den Praktika durch das ca. 2.500 Meter hohe zentralkastilische Guadarramagebirge fuhren, hatten wir übrigens einen fantastischen Fahrer, der außerdem ein ausgezeichneter Sänger war. Es machte ihm großen Spaß, die aus seinem Radio erklingende Musik mit seiner schönen Stimme zu begleiten … Da fingen meine Mädels vor lauter Begeisterung an, während der Fahrt mitten durch den Bus zu tanzen!

Von Cuenca aus besuchten wir natürlich auch die berühmten Windmühlen des **Don Quijote** in der Mancha. Dabei erzählte ich ihnen einiges über seinen Verfasser Miguel de Cervantes Saavedra.

Das alles war zu einer Zeit, als es noch nicht selbstverständlich war, dass man in einer Schule Spanischkenntnisse erwerben konnte. Was fast noch alleinherrschend »in« war, war Französisch. Ich hatte für viele dieser meiner Unternehmungen sogar immer wieder Schwierigkeiten mit dem Schulamt, das meinte, wir sollten doch nach Frankreich fahren. Doch meine Durchsetzungskraft siegte – oder überzeugte?

Und in der Tat gab es ja auch erst wenige Spanischlehrer. Und so kam es, dass, wenn einer ausfiel, das Schulamt immer wieder mal wegen einer Vertretung an mich herantrat und mir Abordnungsaufträge erteilte. So musste ich mal an diese, mal an jene Schule; und dazu gehörten die Kaufmännische Berufsschule (1982–1984), die Ernst-Reuter-Schule (1992–1995) und die Klinger-Schule (1995–1996).

Nachdem man sich jahrelang bemüht hat, so viele Schüler für eine Sprache und die Länder, in denen sie gesprochen wird, vorzubereiten, auszurüsten und zu begeistern, fragt man sich gelegentlich auch mal: Was werden sie wohl alle damit im Leben, im Beruf gemacht haben? Und dazu fallen mir gerade ein paar Beispiele ein, an denen ich Sie teilnehmen lassen möchte:

Am Anfang der 1960er-Jahre erteilte mein junger spanischer Ehemann nebenbei auch ein wenig Spanischunterricht. So zum Beispiel einem Mädchen, das zuvor Schülerin in einer Arbeitsgemeinschaft bei mir war. Sie wollte schnell vorankommen, denn sie plante einen längeren Spanienaufenthalt. Einmal in Spanien angekommen, lernte sie sehr bald einen jungen Spanier kennen, verliebte sich in ihn und sie heirateten. Er war ein Sohn des damaligen Madrider Universitätspräsidenten. »Unsere Doris« hatte das große Los gezogen!

Meine Spanisch-AGs in der Schillerschule wurden immer wieder auch mal von Schülern der beiden Nachbargymnasien besucht. Einer von diesen war Peter. Und nach seinem anschließenden Studium arbeitete er einige Jahre als Ingenieur in Madrid, wo er eine Mittelamerikanerin kennenlernte, die heute seine Frau ist.

Bei einer meiner Sekretärinnen, die auch einige Zeit in Spanien lebte, kam es aber nicht zu einer Ehe. Isabel verliebte sich lediglich, und dies in einen

Basken. Aber sie ist dem Land und seiner Sprache nach wie vor sehr verbunden. An meinem Unterricht in einer der Abordnungsschulen nahm seinerzeit auch Nicole teil. Sie ist die Tochter eines Deutschen und einer Peruanerin und heute die Frau eines Kolumbianers. Durch ihre Aufenthalte im Land der einst erlernten Sprache konnten alle einstigen Schüler/-innen diese natürlich ständig praktizieren und verbessern, und ihre Liebe erstreckte sich schließlich auch auf Partner.

Und nun noch zu einem Paradebeispiel dazu, was Sprache und alles, was damit zu tun hat, noch mit sich bringen kann. Diese heute junge Frau gehörte zu einem Jahrgang von angehenden Fremdsprachensekretärinnen, mit denen ich besonders viel unternahm. In der Schule bot ich zum Beispiel an, mal in der großen Schulküche spanische Spezialitäten kochen zu lernen. Außerhalb besuchten wir ein anderes Mal eine große Aufführung der »Carmen«. – Doch wieder zurück zur Schule: Da wurde ich auf das Mädel aufmerksam, das seinerzeit als Kleinkind mit ihren andalusischen Eltern nach Deutschland gekommen war und … Flamenco tanzen konnte! Daraus entstand unter meiner Leitung sodann bald eine Flamencogruppe, wozu sie ihre Kenntnisse einsetzen und anderen vermitteln konnte. Gelegentlich trat die kleine Gruppe sogar öffentlich auf, zum Beispiel im Palmengarten im schönen Palmenhaus. Mari-Carmen, die im Anschluss an ihre Ausbildung nicht als Fremdsprachensekretärin arbeitete, sondern sich zu einem Lehramtsstudium entschloss, sollte sogar mal meine Nachfolgerin werden. Doch wieder kam es anders, denn auch das lag ihr eigentlich nicht. Ihr Metier war der Flamenco. Und so gründete sie in Frankfurt/Main eine heute große Flamencoschule. Und noch etwas: Sie heiratete einen Amerikaner irischer Abstammung und hat mit ihm zwei Söhne, mit denen sie spanisch, ihr Mann englisch spricht, und wenn alle bei Tisch zusammensitzen, wird deutsch geredet.

Da fällt mir noch etwas anderes ein: die so selbstverständliche Dreisprachigkeit von Ursula von der Leyen, der Präsidentin der Europäischen Kommission. Sie wuchs ja mit drei Sprachen auf; und auch an diesem Beispiel kann man erkennen: Je früher alles beginnt, umso erfolgreicher wird es weitergehen.

Frankfurter

Telefon (0 69) 2 19 91, Anzeigenannahme Telefon (0 69) 2 02 21

Unabhängige

Rundschau

Tageszeitung   Gr. Eschenheimer Str. 16—18, Postfach 10 06 60, 6000 Frankfurt/M. 1

Donnerstag, 5. Juli 1990 · Jahrgang 46 · Nr. 153/27   STADTTEIL-RUNDSCHAU SÜD

Seite 6   S-Ausgabe

Austausch schult europäischen Blick

35 Schüler aus Madrid besuchten die Schillerschule / „Spanisch wird ignoriert"

SACHSENHAUSEN. Seit drei Jahren unterhält die Schillerschule einen Schüleraustausch mit Madrid. Es ist eine kulturelle wie auch schulische Kooperation, die ihresgleichen sucht. Gegenwärtig sind 35 Schüler aus einer deutschen Schule in Madrid zu Gast bei den Familien der Frankfurter Gastgeber. Mit einem Empfang im Römer begrüßte Stadtrat Adalbert Schwarz die Jugendlichen aus der Hauptstadt Spaniens, die hier auf ein reichhaltiges Kulturprogramm hoffen konnten. Solche Austauschtreffen sollen zugleich der Verständigung zwischen den Völkern dienen.

„Obwohl Spanisch im Grunde die dritte Weltsprache ist, bemessen an der Anzahl der spanisch sprechenden Menschen, so wird das an unseren Schulen ignoriert, denn an wenigen Schulen wird Spanisch unterrichtet", erklärte Ingeborg Kuhl-de Solano, die seit über 20 Jahren an der Schillerschule spanische Arbeitsgemeinschaften leitet.

Im Unterschied zur hiesigen Situation sind beispielsweise in Madrid Eltern und Schüler sehr interessiert, mit deutschen Partnerschulen in Kontakt zu treten. „Dieses Bedürfnis habe ich erkannt und mich entschlossen, einen regelmäßigen Austausch zu organisieren", sagte Frau Kuhl-de Solano.

Obwohl die Stadt Frankfurt bereits mit Barcelona eine Partnerschaft hat, kam diese Stadt dennoch für einen Schüleraustausch insofern nicht in Frage, da in Barcelona Katalanisch gesprochen wird. „Für unseren Schüleraustausch wollten wir jedoch Klassen mit Sprachkenntnissen des Hochspanischen einladen", argumentierte die Spanischlehrerin, die an der Schillerschule pro Schuljahr immerhin über 50 Schüler in ihren Arbeitsgemeinschaften mit der spanischen Sprache vertraut macht.

Der Schüleraustausch mit Jugendlichen der Madrider Schule „Colegio Alemán" wird in Frankfurt von der „Vereinigung der Eltern und Freunde der Schillerschule" unterstützt. Und in den drei Jahren dieser kulturellen Kooperation hat sich eine intensive Verbindung nicht nur zwischen den spanischen und deutschen Schülern ergeben. Die Kulturprogramme, ob nun in Madrid oder in Frankfurt, haben vor allem auch Freundschaften unter den Eltern beider Nationen entstehen lassen.

Kein Wunder, denn die jeweils zwei bis drei Wochen eines Austausches beanspruchen Eltern wie Schüler gleichermaßen. So haben diesmal auch wieder die Eltern der Frankfurter Gastgeber in Absprache mit Ingeborg Kuhl-de Solano ein vielseitiges Kulturprogramm zusammengestellt. Zu den Aktivitäten gehören Fahrten durch Hessen, Besuche von Klöstern und Kirchen, Grillfeste in hessischen Wäldern, Zoobesuche oder einfach auch nur Spaziergänge durch die Frankfurter Innenstadt.

Frau Kuhl-de Solano lobte hierbei das „starke Engagement der Eltern, insbesondere der Mütter", die untereinander „sehr viel telefonieren", damit die Aktivitäten ihrer Gäste und Kinder auch reibungslos funktionieren. Zudem gibt es sogenannte Privat-Initiativen. Da fahren etwa die Eltern mit den spanischen Gästen nach Ostdeutschland herüber, eine Oma wird in Friesland besucht oder ein Neffe in Heidelberg.

Aber nicht nur kulturelle Aktivitäten in der Freizeit genießen die Schüler. Vormittags heißt es auch: Schulbänke drücken. Dabei haben sich die Schüler künstlerische Randbemerkungen ausgedacht. Die spanischen Gäste machen beispielsweise Filme über die Ausflüge mit ihren deutschen Freunden, andere fotografieren das alltägliche Zusammensein, wieder andere schreiben kleinere Aufsätze über ihre Erlebnisse in Frankfurt.

„Mit diesem Eltern und Kinder integrierenden Austausch möchte ich natürlich auch unseren europäischen Blick erweitern", fügte Ingeborg Kuhl-de Solano hinzu, und das könne man eben nur, „wenn man im fremden Land auch intensiv anwesend ist". Im Herbst fahren dafür etwa 35 Schüler der Schillerschule wieder nach Madrid. Ola, Amigos!   kai

Artikel der Frankfurter Rundschau (vom 5.7.1990)

126

Empfang der Stadt Frankfurt/M. im Römer (6/1990)
Schüler der Schillerschule, Frankfurt/M. und des Colegio Alemán,
Madrid (3. Schüleraustausch)

Ausgabe: Nr.18, 2.Jahrgang, 04.Mai 1990 — Anzeigenannahme 069/62.5083-87 - Fax 069/62.5088 — Wöchentliche Auflage 44.450 Exemplare Überall · Sachsenhausen · Neu-Isenburg

Sachsenhäuser Anzeiger

Die eigenständige Stadtteilzeitung für Sachsenhausen und Oberrad

Empfang für die Spanier

Madrider Schüler zu Gast in Frankfurt

33 spanische Austauschschüler sind derzeit wieder Gast der Sachsenhäuser Schillerschule. Am vergangenen Freitag wurden sie im Römer feierlich empfangen. Stadtrat Adalbert Schwarz, der die 12 bis 15-jährigen in Vertretung des Oberbürgermeisters begrüßte, gab den jungen Spaniern auch einen Überblick über die Frankfurter Sehenswürdigkeiten.

Nur der Kaisersaal, in dem die Gäste der Stadt Frankfurt normalerweise empfangen werden - »unsere gut Stubb«, wie der Stadtrat erklärte - werde gerade renoviert. Beim nächsten Besuch der spanischen Schüler werde er aber bestimmt wieder zugänglich sein, versprach Schwarz.

Denn daß schon bald ein erneuter Besuch von Schülern des Colegio Alemán, der Deutschen Schule von Madrid, erfolgen wird, ist gar keine Frage mehr.

Was vor einigen Jahren noch regelrecht erkämpft werden mußte, ist heute längst Institution geworden, mit der die Schule sich rühmen kann.

Eltern, Schüler und Schulleitung wissen das Engagement der Initiatorin deshalb zu schätzen. Ingeborg Kuhl de Solano, die langjährige Spanischlehre-

rin der Schillerschule, organisiert jedes Jahr den Austausch der beiden Partnerschulen.

Aus den Anfängen ist inzwischen mehr geworden als ein Schüleraustausch, durch den die Sprachkenntnisse verbessert werden sollen. »Mein Streben ist, generelle kulturelle Austauschprogramme stattfinden zu lassen - auf möglichst vielen Ebenen«, erklärt Ingeborg Kuhl de Solano.

Neben dem »normalen« Schüleraustausch haben inzwischen musikalische Begegnungen der beiden Länder schon stattgefunden. Eine Musicalgruppe des Schillergymnasiums kehrte am Dienstag von einem achttägigen Besuch der Madrider Schule zurück, wo sie mit einem Musicalkonzert gastierten.

Aber auch im Programm der derzeitigen Gastschüler in Frankfurt fehlt es nicht an Kultur. Ausflüge wie zum Hessenpark und zur Saalburg werden neben dem Besuch des Unterrichts unternommen. »Glück im Unglück« hatte dabei Luis, der sich ein Bein brach und so beinahe nicht an den Unternehmungen teilhaben konnte. In spontaner und unbürokratischer Weise stiftete die AOK einen Rollstuhl.

uk.

Artikel des Sachsenhäuser Anzeigers (vom 4.5.1990): Empfang für Madrider Schüler in Frankfurt/M.

Die 1. Austauschgruppe (7/1989) von zehn Schülern.
Hier auf dem Balkon meiner Wohnung.

In diesem Block befindet sich die Wohnung der Autorin. Blick auf den Stadt-
wald, Frankfurt/M. und Taunus

Zum ersten Mal haben Schiller-Schüler einen Austausch

mit Jugendlichen vom anderen Ende der Welt

Frankfurter Neue Presse

FRANKFURT

Dienstag, 19. März 1996

Verabschiedung am Flughafen in Hochstimmung

Schiller-Schüler unterwegs auf der langen Reise nach Australien

Sachsenhausen. – Nun sind sie längst in der Luft, die 15 Schülerinnen und Schüler der Schillerschule, die zu einer vierwöchigen Reise nach Australien gestartet sind und sich auf die sommerlichen Temperaturen des rund 20 Flugstunden entfernten Erdteils freuen. Sie besuchen dort ihre neue Partnerschule, das „Grace Lutheran College" und dessen Schwester-Schule „Trinity Lutheran College" in Redcliffe bei Brisbane in Queensland und wohnen bei Gastfamilien. Die Reise ist dem Engagement von Ingeborg Kuhl de Solano zu verdanken, die bis vor einem Jahr den Madrid-Austausch der Schillerschule geleitet hat. 1995 waren die australischen Schüler zum ersten Mal in Frankfurt zu Besuch gewesen.

wip/Foto: Mick Grosse

129

Studienreise nach Madrid (3/1994) mit Oberstufenschülern der Max-Eyth-Schule, Sprendlingen. In Spanien: Besuch des Palacio Real, des Escorial, dem Valle de los Caídos und die Städte Avila und Segovia. Mit an Bord: ein Vater und eine Mutter. Zwei weitere Reisen folgten in 2001 und 2002)

Während des MES-Abitur-Abschlussballs (1998)

Besuch bei mir in Spanien, im Guadarrama (2003):
Mein Ex-Schüler Peter P. und sein Vater, Prof. Pehl

Mit meinem Ex-Schüler Peter P. und Prof. Pehl

»Hängende« Häuser in Cuenca

Praktika der Fremdsprachen-Sekretärinnen (2001) in Cuenca/Spanien,
neun Schülerinnen, zwei Lehrer

Ausflug zu den Windmühlen des Don Quijote in der »Mancha«

Über den Dächern der Stadt Cuenca mit Jessica

Vor dem Escorial im Guadarrama-Gebirge (2002)

Kapitel 9

Theater, Musik, Tanz, Kunst

Wie ich bereits an mehreren Stellen dieses Buches mit Beispielen beschrieb, interessierte es mich immer, die Theorie des Spracherwerbs, der Landeskunde und Geschichte durch Praxis zu ergänzen, damit das Lernen auch Spaß macht.

Deshalb habe ich mich im Laufe meiner Schultätigkeit auch immer mehr und mit großem Engagement dem Theater zugewandt, denn in diesem Bereich lassen sich die theoretischen Grundlagen außerdem fantasievoll mit Gestik, Mimik, Musik, Tanz etc. verbinden. Theater ist ein Element, das mich von jeher faszinierte, schöpferische Kräfte in mir weckte.

So erinnere ich mich, dass ich bereits als kleines Mädchen mit großer Begeisterung bei einer bescheidenen musikalischen Darbietung der »Vogelhochzeit«, einem Singspiel, mitwirkte, das eine sehr kinderfreundlich gesinnte Gemeindehelferin für unsere Eltern zur Aufführung brachte, und zwar in einem bezaubernden Umfeld: auf einer großen Terrasse, die in einen wunderschönen Park mit alten hohen Bäumen hineinragte.

Und gleich nach dem Ende des Zweiten Weltkriegs, als wir aus der Evakuierung wieder nach Frankfurt/Main zurückgekommen waren, es aber eine noch recht trostlose Zeit war, scharte ich mit meinen damals zehn Jahren gerne andere Kinder um mich herum, um in einem kleinen, leicht höher gelegenen und überdachten Eckchen im Hinterhof des Nachbarhauses »Theater« zu spielen. Dazu verkleideten wir uns fantasiereich, erfanden irgendwelche kleinen Szenen und hatten einen Riesenspaß. Meine Mutter erzählte mir später mal, wie aufgeregt ich danach immer von allem berichtete, weil es mich so begeisterte.

Als ich im Gymnasium war, führten die Abiturientinnen gerade unter einer ebenso hochengagierten Lehrerin den »Sommernachtstraum« von William Shakespeare (1564–1616) auf; und wir kleinen Sextanerinnen durften auf der großen Bühne als Elfen im Zauberwald mitwirken. Dieses Theaterstück ist ja eine der genialsten Komödien der Weltliteratur, ist klassisch wie auch romantisch und ebenso realistisch, voller Fantasie und verwirrter Liebesgeschichten.

Wir damals Elfjährigen waren von der poesievollen Welt der Natur- und Waldgeister, aber auch vom Kobold Puck, dem Diener Oberons, den eine kecke ältere Schülerin fantastisch spielte, hochbegeistert, ja verzaubert.

Einige Jahre später übernahm ich dann in unserer Kirche und unter der Leitung der gleichen, sehr gläubigen Lehrerin in einer Aufführung des »Jedermann-Spiels vom Sterben des reichen Mannes« von Hugo von Hofmannsthal (1874–1929) die Rolle des Glaubens.

Wieder begeisterte uns junge Menschen damals der Inhalt dieses vom Autor für die Gegenwart erneuerten mittelalterlichen Mysterienspiels, in dem Gott seinem mächtigen Boten, dem Tod, den Befehl erteilt, den »reichen Mann« vor seinen Thron zu laden, wo er Rechenschaft über sein Leben ablegen soll. Der Tod bemächtigt sich seiner anlässlich eines großen Banketts; doch »Jedermann« findet zu seiner Verteidigung vor Gott niemanden, der ihm beisteht, selbst Mammon nicht.

Theater:
Kolumbus & Co.

Und ab diesen meinen jungen Jahren besuchte ich dann auch sehr oft Aufführungen in den Frankfurter Theatern, bis ich schließlich, in sehr fortgeschrittenen Jahren, selbst begann, mein erstes eigenes Drehbuch für ein Theaterstück zu schreiben: »Kolumbus & Co.«. Das war im Jahr 1990, als man sich gerade überall auf die Fünfhundertjahrfeiern der sogenannten Entdeckung Amerikas vorbereitete. »Sogenannt« deshalb, weil es bereits zuvor von verschiedenen anderen »entdeckt« worden war.

Feiern fanden natürlich überwiegend bei den ja sprichwörtlich stolzen Spaniern statt, doch erstaunlicherweise auch hier und da in Lateinamerika und sogar in anderen Ländern. Dabei gab es verständlicherweise Befürworter wie Gegner: die einen, die sich im Lichte der Eroberer und Eroberungen sonnten, und die anderen, die die Schattenseiten wie Enteignung, Ausbeutung, Verfolgung, Versklavung etc. anprangerten, deren Stimmen jedoch meist verhallten.

In meinem Theaterstück kommen beide Seiten mit ihren Argumenten zu Worte. Ich forschte regelrecht und belas mich redlich rundherum, bevor alles seinen Niederschlag fand. Es wurde ein umfangreiches Werk, bestehend aus zwei großen Hauptteilen: einer szenisch verarbeiteten getreuen Wiedergabe des historischen Vorgangs von Anfang bis Ende einerseits, und andererseits einer kritischen Beleuchtung desselben aus der Sicht der Indigenen und der verschleppten, versklavten Afrikaner. Nur wenige andere vor mir hatten sich bis dahin an diesen komplexen Stoff gewagt, der sich um die Person des Christoph Kolumbus, wie wir ihn nennen, dreht. In Spanien wurde er zu Cristóbal Colón. Aber von seiner Herkunft her war er ja Italiener, Genueser: Cristoforo Colombo.

Ich widmete mein Stück damals »meiner« Schillerschule, an der ich ja Schülerin wie Lehrerin war. Sowohl die Schulleitung wie auch die Lehrerschaft waren bereit zu einer Großaufführung des Stücks; aber seitens der Schülerschaft kam nicht die erforderliche Anzahl Theater-Interessierter zusammen. Doch andere Schulen, darunter zwei in Frankfurt/Main sowie zahlreiche in allen Teilen Deutschlands, griffen die Idee auf, forderten bei mir Drehbuchexemplare an. Und so kam das Werk, wenn auch nicht in seiner vollen Länge, so doch mit verschiedenen Szenen, zur Aufführung; möglicherweise wurde es aber auch als Lesestoff im Spanischunterricht eingesetzt. Es ist darüber hinaus auch ansonsten sehr vielseitig, sogar fächerübergreifend in Schulen einsetzbar, also nicht nur für Schultheatergruppen. Ich habe dazu bereits damals einige hilfreiche Unterlagen mit reichen Anregungen erarbeitet.

Besonders erfreute mich nach meinem zweijährigen Arbeitsaufwand, dass es im Rahmen der Frankfurter Schultheatertage 1992 eine Aufführung gab und dass eine Szene, nämlich die des Besuchs von Kolumbus bei der Königin Isabel, auf einer Bühne vor dem Römer dargeboten wurde, und zwar von der Schultheatergruppe der Max-Beckmann-Schule unter der Regie von Dieter Rauch und in Anwesenheit von Joachim Reiß, dem damaligen Leiter der Schultheater-Studiobühne der Stadt Frankfurt/Main. Das Ganze wurde damals, im Jahr 1992, moderiert von Frank Lehmann vom HR, dem Hessischen

Rundfunk. Die Journalistin Thea Eymüller vom HR kommentierte diese Aufführung in einer Sendung am 7. September 1992, nachdem das Projekt kurz zuvor, am 5. September 1992, auch in der Hessenschau besprochen worden war.

Auf dem gleichen Podium präsentierte sich damals, ebenfalls mit einer Szene aus dem »Kolumbus«, auch eine Theatergruppe des International-Women-Club, und dies in prächtigen mittelalterlichen Kostümen. Bereits zuvor hatte man mich schon zu einem Vortrag in diesen Club eingeladen, für den ich mich sorgfältig vorbereitete, da ich mit hochanspruchsvollen Zuhörerinnen rechnete. Doch die edlen Damen aus den konsularischen wie diplomatischen Kreisen, die sich gewöhnlich sicherlich zu einem eher gemütlichen Plausch bei Kaffee und Kuchen treffen, zeigten sich schnell haushoch überfordert ...

Theater/Musik/Tanz: Carmina burana

Der Leser wird sich daran erinnern, dass ich an früherer Stelle begeisterte Äußerungen über meinen ersten Schul- und auch Klavierlehrer machte. Diesen Klavierunterricht setzten meine Klavierfreundin und ich damals wenig später bei verschiedenen Studenten der Frankfurter Musikhochschule (heute HfDK = Hochschule für Musik und Darstellende Kunst) fort.

Bevor ich dann in den Jahren 1954/55 in Spanien lebte und arbeitete, begann ich, noch in Deutschland, bei der Organistin meiner Kirche ersten Orgelunterricht zu nehmen. Ich setzte ihn unverzüglich in Barcelona fort, und zwar an der prächtigen Orgel des Montjuichpalastes, hoch oben über der Stadt. Mein dortiger Lehrer war ein Neffe von César Franck (1822–1890) – jenem eigentlich deutschstämmigen Belgier und späteren Wahlfranzosen, einem Pianisten und Organisten wie auch Komponisten – und ab 1943 Professor für Orgel am Konservatorium von Paris.

Den Unterricht bei seinem Neffen nahm ich übrigens immer zusammen mit Montserrat Torrent, die selbst später eine große Organistin in Barcelona wurde und auch Konzerte gab. Jede von uns beiden musste damals täglich zwei Stunden üben. Mir standen dazu zwei Orgeln zur Verfügung: die der örtlichen deutschen und die der spanischen evangelischen Gemeinde. In beiden übernahm ich dafür auch gerne das sonntägliche Orgelspiel während ihrer zu verschiedenen Zeiten stattfindenden Gottesdienste, und in letzterer – deren Pfarrer zugleich der Präsident aller spanischen evangelischen Kirchen war – darüber hinaus die Leitung des Kirchenchors und eines kleinen Orchesters.

An dieser Stelle wird man sich fragen, warum ich das alles hier erwähne … Nun, ganz einfach: weil sich nach allen bisher geschilderten vielseitigen Aktivitäten die in mir schlummernden Neigungen immer mehr miteinander verbanden: Sprache, Schule, Musik, Theater, Weltoffenheit, Zusammenarbeit mit jungen Menschen und generell Kreatives, um schöne Ziele zu erreichen, die das Leben lebenswert machen. Und alles zusammen mündete in einem neuen Projekt: einem Drehbuch für eine mimisch-szenische Darstellung der Inhalte der 1937 entstandenen »Carmina burana« von Carl Orff (geb. 1895). Diese großartige Musik hatte mich von jeher fasziniert; ich hatte große Lust, daraus ein Bühnenstück zu erschaffen. Also ging ich ran.

Ich befasste mich lange und intensiv mit der Musik, aber auch mit den mittelalterlichen Texten, auf denen sie beruht. Und dann verfasste ich ein Bühnenmanuskript, das ich »Szenische Anregungen« nannte, da es meine Absicht war, dass die Agierenden auch sich selbst, ihre eigenen Beiträge einbringen sollten. Alle Teilnehmer des umfangreichen Ensembles sollten sich durch Tanz und mimisches Theater auch selbst verwirklichen, selbst mitdenken und kreativ werden. Und so geschah es auch – zu unser aller großen Freude!

Ich warb in meiner gesamten Schule, der Max-Eyth-Schule in Dreieich-Sprendlingen, um Schüler und Lehrer. Sie zusammenzubekommen war nicht einfach, denn wer hatte denn überhaupt schon einmal Theater gespielt, getanzt? Doch es gelang mir, wenn auch mit viel Mühe, alle Ressourcen ausfindig zu machen und an Bord zu holen. Schließlich fanden sich sogar ehemalige Schüler/-innen, Eltern und Freunde ein! Die Proben konnten beginnen und fanden dann in vielen Einzelgruppen statt, die voneinander keine Ahnung hatten, und dies ein halbes Jahr lang jeden Nachmittag und sämtlich unter meiner Regie, bis ich endlich alle zu einem großen Puzzle zusammenführen konnte: Schüler und Lehrer, Schauspieler und Tänzer plus einzeln Agierende sowie die, die sich um Bühnenbild, Kostüme und Maske kümmerten. Die Musik dazu wurde playback vom Band eingespielt, was ein Techniker des Bürgerhauses übernahm.

Aber die Musik und die so verschiedenen Texte, anhand derer Orff sein Werk gestaltet hatte, ergaben ja keinen Handlungsvorgang: Der wollte erfunden werden. Ich versuchte mein Bestes, daraus eine durchgehende Geschichte zu machen, und erfand drei Teile: für die Schülergruppen »Frühling«; für die Lehrer eine Szene in einer Taverne, in der sich Mönche und Nonnen begegnen; und eine Liebesszene in Form eines Schattenspiels. Dieses von Anfang an auf der Bühne agierende junge Liebespaar findet am Ende der Aufführung den Weg in die Ehe. – Zu den Formen der Darstellung gehörte auch die Pantomime (zwei Harlekine), und was den Tanz angeht, verschiedene Formen: Ballett, Flamenco, Spitzentanz, Bauchtanz, ein Tanz der Mönche und Nonnen zu dem Song »Macarena« und ebenso türkischer Tanz sowie Akrobatik. Für alle diese Versionen konnte ich auf vorhandene Talente zurückgreifen. Für die mittelalterlichen Reigen engagierte ich eine Tanzlehrerin.

Es gelang uns, das Stück vor den Sommerferien 1997 auf die Bühne zu bringen, und zwar die des Bürgerhauses von Dreieich-Sprendlingen. Vormittags gab es eine Hauptprobe für die gesamte Schule, der alle Schüler vorbildhaft ruhig, hochinteressiert und begeistert zuschauten; und abends gab es dann die Aufführung für das Publikum. Diese Abendaufführung war so gut besucht, dass ihr zwei weitere folgen mussten und folgten, ja viele draußen bleiben mussten, weil es keine Karten mehr gab. Wir hätten danach sogar auf Tournee gehen können, wären da nicht die Sommerferien gekommen, nach denen viele Schüler gar nicht mehr auf dieser Schule gewesen wären.

Unsere gesamte Aufführung wurde damals mit zwei Kameras vom Hessischen Rundfunk aufgenommen. Um diese beiden schließlich angemessen zu einem Bild zusammenzufügen, verbrachte ich danach tagelang viele Stunden in einem HR-Studio. Von der besten, weil aussagekräftigsten aller Pressebe-sprechungen, nämlich der des Journalisten Alexander Subtil von der Dreieich-Zeitung vom 25. Juni 1997, füge ich eine Kopie bei. Sie geht wirklich auf alles gebührend ein, was wir, den Vorlagen entsprechend, zum Ausdruck bringen wollten: auf die Freude am Leben, die Liebe, Erotik und Sex. Die mittelalterli-chen Texte hatten an alledem nicht gespart!

Danach übergab ich meine gesamten Unterlagen dem Schott Verlag, Mainz, der die Orffschen Rechte betreut und uns zuvor auch eine entsprechende Zustimmung erteilt hatte.

Dieses Schulprojekt, das zwar nicht auf Sprache, sondern auf Musik und Theater basiert, übertraf natürlich alle meine vorausgegangenen Unternehm-ungen, da es eine ganze Schule involvierte, sogar den Techniker interessierte, der mein Drehbuch für die Mitwirkenden kopierte und mich danach fragte, ob er mitmachen dürfe. Er würde gern den Leierkastenmann spielen, der in einer Pause einmal vor der Bühne hin- und herfahren sollte. Doch er beließ es nicht dabei, denn in der gleichen Pause nahm auch »Amor«, unsere Spit-zentänzerin, am Bühnenrand Platz; und ein Mönch, der sich zwei leuchtende Teufelshörnchen auf den Kopf gesetzt hatte (auch eine Eigenerfindung!), näherte sich dem bezaubernden kleinen Mädchen, um es zu verführen. Da konnte es unser Leierkastenmann nicht unterlassen, den einzigen Satz unseres ja total wortlosen Spiels loszuwerden: Er schrie den »Teufel« wütend an: »Lass das, du Schlingel!« – Aber auch andere Mitwirkende brachten dank meiner Anregungen meisterhafte Eigenideen ein, insbesondere die Harlekine, die Mönche und das große Ballett. Den letzten unbeschäftigten Lehrer holte ich schließlich auch noch aus seiner Höhle … zum Kartenverkauf am Eingang! Heureka! – Keiner wird dieses Projekt jemals vergessen, in dem sich jeder – mehr oder weniger – selbst auch kreativ eingebracht hatte.

Kunst: Eine Mosaikbank à la Gaudí
(Antonio Gaudí y Cornet)

Mein letztes **Schulprojekt** in unserem Schulhof hatte nichts mit Theater oder Musik, sehr wohl aber mit Spanisch und Spanien zu tun.

Im Frühjahr 2003 unternahm ich mit meinen 18 bis 20 Jahre alten Fachschülerinnen des Fremdsprachensekretariats eine Studienreise nach Barcelona, wo wir uns intensiv mit den dortigen Werken des Architekten Antoni Gaudí (1852–1926) befassten, zu denen ja auch die berühmte »Sagrada Familia« und der wunderschöne »Parque Güell« mit seiner riesengroßen Mosaikbank gehören. Wir sahen sie uns an, zeichneten und malten, denn danach wollten wir in unserem Schulhof etwas in seinem Stil erstellen. Während unseres Aufenthaltes in Barcelona wohnten die Schülerinnen in einer von Palmen umsäumten wunderschönen Jugendherberge, die an einem Hang hoch über der Stadt gelegen ist und einen herrlichen Blick bis weit hin zum Meer bietet.

So entstand nach unserer Rückkehr auf unserem Schulhof eine große, 20-sitzige Mosaikrundbank im Stil dieses besonderen Künstlers. Dazu erhielten wir seitens der lokalen Industrie Spenden von Keramik- und Porzellanteilen, die von den Mädels bearbeitet wurden.

Damit alles ordnungsgemäß verlief, wurde das Projekt von einem ansässigen Architekten betreut. Und auch der Vater einer Schülerin legte mit Hand an bei den schweren und typisch männlichen Arbeiten, wozu zum Beispiel das Ausheben eines Rundbogens in der Erde für das Fundament der Bank gehörte.

Im Laufe des Bauens der Bank kamen immer wieder mal Leute aus der Umgebung vorbei und bewunderten unser Tun. Sogar ein paar Kinder aus der Nachbarschaft halfen ein wenig mit.

Bei der Einweihung unserer Bank am 04. Juli 2003 waren der damalige Landrat Peter Walter und die damalige Kanzlerin des spanischen Generalkonsulats zugegen. Und schließlich erhielten wir für unser Kunstwerk, das wir in 50 Tagen und vielen freiwilligen Nachmittagsstunden erstellt hatten, auch noch einen ansehnlichen Preis von einer lokalen Bank.

Mosaikbank à la Gaudí.
Was Frauen doch alles können …!

Die »Casa Battló« von Antonio Gaudí
soll den Kampf des Heiligen Georg mit dem Drachen symbolisieren.

Auch die Presse würdigte, wie man den folgenden Kopien entnehmen kann, unser Werk gebührend.

Seite 38 · Frankfurter Rundschau   DREIEICH · LANGEN   R3 · Dienstag, 8. Juli 2003 · Nr. 155

Die Gaudí-Bank hat den Schülerinnen viel Vergnügen gebracht

Von den Mosaiken des spanischen Architekten inspiriert: Fremdsprachensekretärinnen-Schüler bauten eine Sitzbank

DREIEICH. Die preisgekrönte Gaudí-Bank ist fertig. Rund ein Dutzend junger Frauen, die in der Max-Eyth-Schule (MES) zu Fremdsprachensekretärinnen ausgebildet werden, haben mit Knete Modelle kreiert, Beton zementiert, Ytong-Steine gesägt, gehämmert, gebohrt, geklebt, gespachtelt, verfugt und verputzt – jetzt steht die Bank auf dem Hof der Beruflichen Schulen in Sprendlingen und bietet 20 Leuten Platz. Der Name Gaudí-Bank hat für die jungen Frauen, die zwei Jahre lang an der Schule Spanisch und Englisch lernen, eine doppelte Bedeutung. Zum einen war es trotz einiger Schwierigkeiten und Hindernisse ein Vergnügen, eine „Gaudi" halt, dieses für Sekretärinnen ja nicht gerade übliche handwerkliche Projekt zu realisieren; zum anderen wurden die Schülerinnen bei einer Studienreise nach Barcelona von den Bauwerken des Architekten Antonio Gaudí (1852-1926) inspiriert. Sie wollten auch à la Gaudí etwas mit Mosaiksteinen verkleiden. So entstand die Idee für eine Bank. „Und weil die Frauen ganz fest an diese Idee geglaubt haben, konnte sie letztendlich auch realisiert werden", sagte ein sichtlich begeisterter Peter Schug, Vize in der Max-Eyth-Schule, bei der Präsentation der Gaudí-Bank.

Für das Teil haben die jungen Frauen bereits von der Stiftung der Frankfurter Sparkasse 1822 einen Preis und von Landrat Peter Walter viel Lob erhalten. Die Fundamente für das Kunstprojekt an der Max-Eyth-Schule hat die Lehrerin der Fremdsprachensekretärinnen, Ingeborg Kuhl de Solano, gelegt, indem sie sich gemeinsam mit den Schülerinnen für die Studienreise stark machte, danach viel Überzeugungsarbeit beim Staatlichen Schulamt, bei Sponsoren und vielen Helfern leistete und viele Unterstützer motivierte. Schließlich wurde die Gaudí-Bank eine runde Sache und ist – einem Hufeisen ähnlich – offen für alle.

SEITE 25 24   OFFENBACH – POST DREIEICH   MONTAG, 7. JULI 2003

Ein Hauch von Spanien und ein Schmuckstück für den Schulhof

Preisgekrönte Bank „à la Gaudí" an der Max-Eyth-Schule offiziell eingeweiht

Sprendlingen (op) ▪ Partylaune im Schulhof der Max-Eyth-Schule. Zahlreiche Gäste weit über Dreieich hinaus fanden sich bei Tapas und Getränken ein, um offiziell die Einweihung der bereits preisgekrönten Bank „à la Gaudí" zu feiern.

Zur Vorgeschichte dieses ungewöhnlichen Projekts: Im November 2002 flogen elf Schülerinnen des Ausbildungsgangs Fremdsprachensekretariat der Max-Eyth-Schule zusammen mit ihrer Spanisch-Lehrerin anlässlich einer Projektwoche nach Barcelona. Dort beschäftigten sie sich ausführlich mit Werken des berühmten spanischen Jugendstil-Architekten Antoni Gaudí (1852 bis 1926).

Besucht wurden Häuser in der Prachtstraße Paseo de Gracia, die noch immer unvollendete Kirche Sagrada Familia und der Parque Güell hoch über der Stadt. Um dessen zentralen Platz herum windet sich im großen Rund eine schlangenförmig angelegte Bank voll bunter Mosaiksteine.

Einige Stunden befassten sich die Schülerinnen mit den Motiven der herrlichen Mosaikbank. Es wurde gezeichnet, gemalt und gefilmt.

Nach der Rückkehr nach Dreieich wurden die Arbeiten in der Schule veröffentlicht und ergänzend eine Bank à la Gaudí in verschiedenen Varianten aus Knete geformt.

Alle Entwürfe sollten dazu dienen, im Schulgarten eine ähnliche Bank - natürlich im kleineren Format für bis zu 15 Personen, aber auch mit Mosaikarbeiten versehen - herzustellen. Diese Bank sollte nicht nur eine kunstvolle Bereicherung des Schulgartens sein, sondern Schülern und Lehrern für Unterrichtszwecke sowie für Pausen und in der Freizeit dienen.

Sponsoren, ein sachkundiger Architekt sowie ein engagierter Vater förderten das Vorhaben. Außerdem ließen sich weitere Lehrer und Schüler von dem Projekt „anstecken".

Doch bis zur Eröffnung mussten unzählige Arbeitsgänge vollzogen werden: Die Gruppe benötigte einen Bagger, Zement, Ytong-Steine, viel Handwerkszeug und noch mehr Materialien. Es wurde gesägt und geprägt, armiert und fixiert, gemeißelt und geschmirgelt, gebohrt und geklebt, geformt und Fliesen gehackt, gespachtelt und Mosaik aufgetragen und verfugt. Die Restteile wurden schließlich verputzt und teilweise mit Farbe bemalt sowie ein Innenpflaster verlegt.

Die Gruppe nahm parallel zu diesen Arbeiten an einem Wettbewerb der 1822-Stiftung zum Thema „Kunst im Schulgarten" teil und wurde für ihr Werk preisgekrönt.

Bei der offiziellen Eröffnung zeigten sich jedenfalls alle glücklich, dass dieses Vorhaben gelungen ist.

145

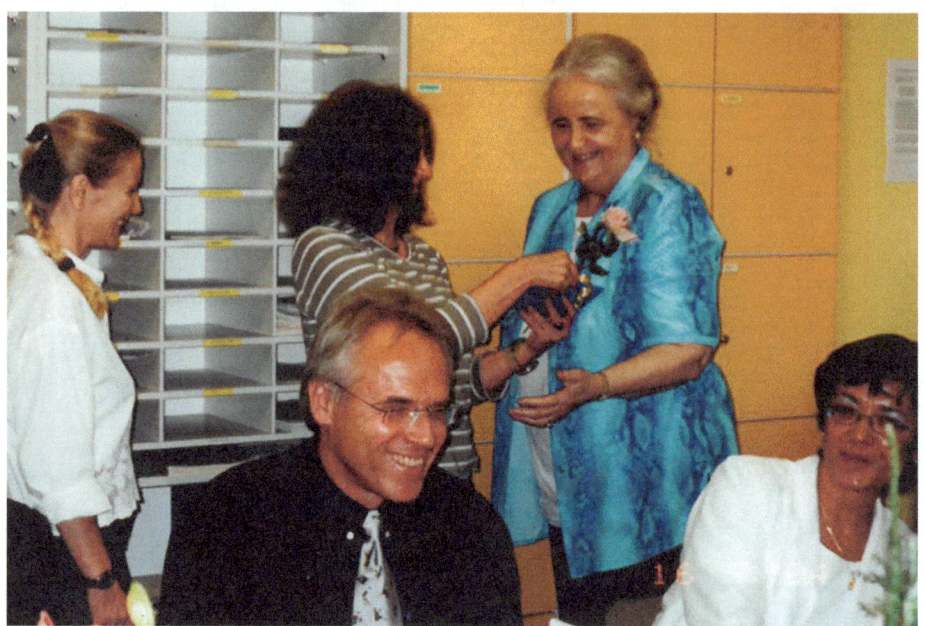

*Am 16.7.2004 nahm ich dann, mit knapp 70 Jahren,
endgültig meinen Abschied von der Schule!*

»Tage der offenen Tür« 1992: »Kolumbus & Co.«,
Hauptdarsteller des Schultheaters auf dem Römerberg in Frankfurt/M.

Szene mit Kolumbus und Isabel aus dem Theaterstück:
»Kolumbus & Co.« 1992 (rechts im Bild: Regisseur Dieter Rauch)

*»Tage der offenen Tür« 1992 Schultheater vor dem Römer,
Kolumbus-Regisseur Dieter Rauch (links) und Moderator des Hessischen
Rundfunks Frank Lehmann (rechts)*

*Kolumbus-Regisseur Dieter Rauch (links) und der Leiter der Schultheater-
Studiobühne der Stadt Frankfurt/M. Joachim Reiss (rechts)*

1992: Einladung von Maya-Vertretern nach Frankfurt/M.

Juni 1997: »Cármina burana«, eine szenische Darstellung der Musik von Carl Orff durch Tanz und mimisches Theater

Das große Ballett (Anfang und Ende des Stücks). Im Hintergrund: Fortuna auf ihrem Glücksrad. Links: ein Vertreter der weltlichen Macht (König), rechts: ein Vertreter der kirchlichen Macht (Abt)

Stück ohne Worte, aber mit viel Leben

Eine ganze Schule spielt „Carmina Burana": Kraftakt für Lehrerin

Carmina burana-Inszenierung zum 30jährigen Bestehen der Max-Eyth-Schule:

Theatralisches Spektakel der Extraklasse

Dreieich (DS) - Die Max-Eyth-Schule (MES) wird 30 Jahre alt. Grund genug für eine Reihe von kulturellen Veranstaltungen. Wenn sich die ehemaligen Schülerinnen und Schüler der Schule am 26. September treffen, wird es viel zu erzählen geben, nicht nur von der eigenen Schulzeit, sondern auch von dem, was sich jetzt an der MES abspielt. Dann wird auch von der Carmina-burana-Inszenierung die Rede sein, einem musikalischen, aber auch mehr noch theatralischen Spektakel der Extraklasse.

Doch ursprünglich handelte es sich bei der „Carmina" keinesfalls um ein Bühnenwerk, sondern vielmehr um eine mehr oder weniger nichtzusammenhängende Aneinanderreihung von Texten, die von dem Komponisten Carl Orff (1895-1982) vertont worden waren.

Bei den Texten selbst haben wir es mit mittelalterlichen Liedern in weltlicher lateinischer Dichtung zu tun, die 1803 in einem Kloster von Benediktbeuren (Oberbayern) gefunden worden waren. Die Verfasser dieser Liedtexte meist anonym, doch dürften sich unter ihnen auch Vertreter der höheren Geistlichkeit sowie Schulpoeten befunden haben. Der damalige Vortrag erfolgte zu Melodien, die heute überwiegend nichtvorlorengegangen sind. Die Vortragenden waren Studierende oder Studierte, die mit ihrem Gesang die lateinkundige Bevölkerung unterhielten. Man nannte sie Vaganten, da sie sich auf der Suche nach einer Anstellung oder Gefallen am Wanderschaft befanden und sich auf diese Art und Weise ihren Lebensunterhalt verdienten.

Die Vagantendichtung zeichnet sich durch Unbekümmertheit sowie eine kritische Haltung - oft gepaart mit viel Respektlosigkeit gegenüber den etablierten Mächten und Regeln - aus. Zielscheibe sind die Kirche und ihre Würdenträger, aber auch weltliche Herren und politische Mißstände wurden angeprangert.

Carl Orff wählte aus der in Benediktbeuren gefundenen Sammlung, die über 300 Lieder enthielt, die ihm für die Vertonung geeignet erschienenen Texte selbst aus und komponierte dazu „weltliche Gesänge für Soli und Chor, mit Begleitung von Instrumenten und mit magischen Bildern". Diese Musik fasziniert durch ihre starken klanglichen wie rhythmischen Differenzierungen. Sie ist kontrastreich und kennt keinen Stillstand, sondern befindet sich in ständiger Bewegung, weckt Gefühle und Gelüste, die miterlebt werden möchten. Die Uraufführung fand am 8.6.1937 in Frankfurt statt. Frau Ingeborg Kuhl de Solano, Spanischlehrerin an der MES, kam auf die Idee, die „Carmina" auf die Bühne zu bringen, und entwarf eine Art Bühnenmanuskript, das sie „szenische Anregungen" nannte. Ihr Ziel war es, das, was Texte und Musik ausdrücken, plastisch auf der Bühne darzustellen durch Pantomime, Schattenspiel und Tanz. Sie schaffte es, die verschiedenen an dem Projekt beteiligten Gruppen - die anfangs unabhängig voneinander arbeiteten, zusammenzuführen und jede einzelne als farbenprächtiges Mosaiksteinchen in ihr Gesamtkunstwerk zu integrieren.

von niemand Geringerem als Fortuna (Irina Heil) und dem Tod (Peter Marek). Was dann geschah, kann vielleicht am ehesten noch als eine „szenische Collage" bezeichnet werden. Da ging es Schlag auf Schlag, ein Gag folgte dem nächsten, und eine volle Stunde gab es keine Ruhepause.

Nur ein halbes Jahr lang wurde geprobt, und diese kurze Zeit war erfüllt von harter Arbeit. Die verschiedenen Gruppen lernten ihre Tänze; Ballett, Flamenco, Türkischer Tanz und noch viel mehr mußte einstudiert werden. Freunde und Ehemalige, Lehrer und Schüler kümmerten sich um Bühnenbild, Maske und Kostüme oder wirkten als Akteure auf der Bühne.

Carmina burana - ein Projekt gigantischen Ausmaßes, das Kuhl de Solano und die daran Beteiligten voller Ehrgeiz verfolgten. Letzten Freitag war es dann soweit: Zum ersten Mal wurde „Carmina" morgens für die Schüler der MES aufgeführt, die breitere Öffentlichkeit war dann am Abend ins Bürgerhaus geladen.

Ein mit Liebe zum Detail gestaltetes Bühnenbild, links eine kleine Gartenbank mit Büschen und Sträuchern, in der Bühnenmitte ein Rhönrad, das Glück und das mit das Auf und Ab des menschlichen Lebens symbolisierte, und noch viele andere im Laufe des Abends wechselnde Dekorationen machten neugierig auf das, was noch folgen sollte. Zwei Harlekine (Katja Hönnige/ Monika Casas) und ein Leierkastenmann (Richard Waldschmidt) brachten das Publikum gerade die richtige Stimmung, bevor der König (Reinhard Clauss) die Bühne betrat, gefolgt

„Macarena"

Da während des gesamten Stückes - mit Ausnahme nur eines einzigen Satzes - überhaupt nicht gesprochen wurde, konnten sich die Schauspieler und Tänzer voll und ganz auf den körperlichen Ausdruck, auf ihre Tänze, Mimik und Gestik konzentrieren. Das befähigte sie dazu, was die im Hintergrund vom Band gespielte Musik vorgab, virtuos auf der Bühne umzusetzen. Stellenweise wurde ein Tanz und eine komische Neben behandlung auf der Bühne gleichzeitig gezeigt, während vor der Bühne noch ein Akrobat (Matthias Rießland) seine Kunststücke vorführte!

So wich gleichsam als roter Faden durch die gesamte Inszenierung zog, war die Lust am Leben und die Freude am Körper, am Fressen und Saufen, am Liebe, Erotik und Sex.

Der erste Teil des Stückes (Primo Vere) war ein Lobgesang auf den Frühling, auf die Natur und auf die junge Lebensfreude. Wunderbar hier die Szene, wie ein Junge (David Salomon) versucht, ein Mädchen (Laura Krämer) mit albernen Potenzgehabe nicht reagiert, aber er ein Auto - ein schnuckliges kleines Bobby Car - auf die Bühne holt.

Der zweite Teil (In Taberna), der sicherlich den Höhepunkt des Abends darstellte, spielte in einer Schenke und zeigte ein kleines „Teufelchen" (Norbert Sensfelder) und die Mönche (Rüdiger Kolb, Hartmut Giese, Martin Enders, Reinhard Korsch, Horst Steinert, Robert Hitzel) beim fröhlichen Singen und Trinken sowie dem Versuch, einen Schwan (Britta Graeger) zu braten.

Als dann auch noch Nonnen (Ute Sensfelder, Beate Fritz) auftauchen, deren Oberin (Birgit Graff) sich als sexy Bauchtänzerin entpuppt, sind die Mönche kaum noch zu halten und fangen an, mit ihr „Macarena" zu tanzen! Herrlich!

Die Liebe bildete den Gegenstand des dritten und letzten Teils (Cour d' amours). Hier ist vor allem die wunderbar erotischen den Jungen und dem Mädchen hervorzuheben. Am Ende wurden diese „beklatschenswerten Leistungen" (Kuhl de Solano) dann auch ausgiebig beklatscht; und die Regisseurin ließ es sich nicht nehmen, einigen Leuten, ohne deren Engagement die Aufführung nicht hätte stattfinden können, persönlich zu danken, bevor MES-Direktor Walter Schwarz, seinen Blumenstrauß für Frau Kuhl de Solano schwenkend, die Bühne betrat.

Und diese einzigartige Inszenierung verdient es, gelobt zu werden. Vor allem den Tänzerinnen und Tänzern, die zum größten Teil noch Laien waren und teilweise noch nie vorher getanzt hatten, gebührt viel Hochachtung. Sie haben allesamt Außergewöhnliches geleistet. Bleibt also nur die Frage offen: Wann kommt die nächste Aufführung?

Alexander Subtil

Beste Presse-Besprechung Dreieich-Zeitung vom 25.6.1997

Musik und Tanz „Bolero" von Ravel – ein unvollendetes Projekt

Und nun zu einem anderen, noch unvollendeten Projekt von mir, in dem sich ebenfalls Musik und Tanz vereinen: Einer Choreographie zur Musik des »Bolero« von Maurice Ravel (1875–1937) und zwar für nur einen Solo-Tänzer, der das Leben des Menschen von der Geburt bis zum Tod darstellen soll, wozu sich der große Spannungsbogen dieser Musik geradezu anbietet. Andere Tänzer/innen oder ein Ballett sollen dabei nur eine begleitende Funktion haben.

Ich bin seit eh und je von diesem hinreißenden, in seiner Art absolut einmaligen Werk in der Musik-Geschichte hoch fasziniert. Mit der Konzeption aller Details meiner Vorstellungen für eine szenische Umsetzung, habe ich bereits vor Jahren begonnen, es fehlt nur deren Verwirklichung.

Die ursprüngliche Absicht von Ravel, soll allerdings eine ganz andere gewesen sein, nämlich die Umgestaltung der Klavier-Suite »Iberia« von Isaac Albéniz (1860–1909) zu einem Orchester-Ballett. Doch er änderte sein Vorhaben, offenbar auf Ersuchen von Madame Ida Rubinstein. Die Uraufführung »Bolero« mit der Compagnie Ida Rubinstein fand am 22.11.1928 in Paris statt. Parallel dazu entstanden noch im gleichen Jahr zwei Bearbeitungen von ihm: Eine für Klavier zu vier Händen und eine weitere für zwei Klaviere.

Ich selbst sah im Sommer 2001 eine Aufführung des Balletts »Teatro Español« mit Rafael Aguilar in der Alten Oper Frankfurt/M. Diese Choreographie war ein explosives und furioses Feuerwerk. Voll ungezügelter Leidenschaft, Erotik, Emotion und heißen Rhythmen, wie sie dem Flamenco mit seinen arabisch-jüdisch-indischen Einflüssen eigen sind. Meine Version hingegen wäre eher eine seriösere.

Der gesamte „Bolero" dauert ja – sage und schreibe – nur eine Viertel-
stunde und beruht auf einem äußerst einfachen Bauplan:

Auf zwei fast banalen Tanzmotiven – einer litaneihaft-archaischen Dau-
erwiederholung ein und derselben Melodie einerseits und einer Kette kühn
wechselnder Instrumente verschiedener Klangfarben andererseits.

Das einzige Element der Abwechslung ist die wachsende Spannung des
Rhythmus und der Dynamik durch das orchestrale Crescendo vom Pianis-
simo bis hin zum Fortissimo.

Das sehr mäßige Tempo wird von einer kleinen Rührtrommel vorgege-
ben, die die Musik einleitet und beständig begleitet – bis zum letzten Ton.

Über ihr stimmt zunächst die Flöte eine schlichte, zweimal je acht Takte
umfassende Melodie an. Nach deren leicht hispanisierendem Kolorit wie-
derholen Oboe und Klarinette diese Musik. Sodann greift sie ein Fagott auf
und intoniert – ebenfalls in zweimal je acht Takte umfassender Ausprägung
– eine melodische Variante, die danach von der hohen Es-Klarinette über-
nommen wird.

Im Anschluß daran wechseln sich die erste und die zweite Melodie regelmäßig durch andere Instrumenten-Gruppen ab, wobei Farbigkeit und
Volumen des Klangs kontinuierlich eskalieren.

Bei der 18. Repetition erreicht die Musik schließlich ihren Höhepunkt
und bricht mit heulenden Schleiftönen der Posaunen abrupt ab.

Leiterin des Balletts und des Flamenco:
Mari-Carmen (Spanierin)

Einer der zwei Harlekine,
die alle Szenen des Stücks parodierend begleiten: Monica, auch Spanierin.

Kapitel 10

Literarisches

Nach meinem Rückzug aus dem Schuldienst sowie allen übrigen Betätigungen unternahm ich zunächst einmal noch einige weiteren Reisen: wie auch bisher all die Jahre nach Spanien und Italien sowie erneut in die USA sowie nach Australien und Neuseeland. Ich traf Verwandte und Freunde, unternahm aber auch viel Neues. Dazu gleich mehr.

Und in Fortsetzung meiner bisherigen ersten literarischen Arbeiten widmete ich mich, nun in aller Ruhe, vertiefter der Schriftstellerei.

Dem vorausgegangen waren bereits zwei Publikationen:

Beiträge zu einem Sachbuch zur **Volkspädagogik in Lateinamerika**, herausgegeben von Erika Stückrath-Taubert und erschienen bei rororo im Jahr 1975. Ich lieferte dazu mehrere Übersetzungen. In diesem Buch ging es um Paulo Freire und sein Eintreten für eine neue, auf die Befreiung des unterdrückten Menschen abzielende Methode der Alphabetisierung und Bewusstseinsbildung (ab den 1960er-Jahren). Der Titel des Buches ist »**Erziehung zur Befreiung**«.

Im Jahr 1992 erschien durch Vermittlung der Stadt Frankfurt/Main ein von mir ins Spanische übertragenes Sonderheft (Nr. 19) des Frankfurter Palmengartens mit dem Titel »**Flora silvestre de Chile**«, eine vom hochspeziellen Vokabular her sehr anspruchsvolle Arbeit!

Meine eigene literarische Beschäftigung begann mit dem Jahr 2010. Jetzt ging es aber nicht mehr um Sprache, sondern um vieles andere, was in mir schlummerte, was ich noch erfüllen wollte. Ich hatte ja nun auch mehr Zeit, um vieles, was vorher liegen geblieben war, aufzuarbeiten; und dazu gehörte als Erstes ein Restnachlass von Unterlagen meiner lange zuvor (1980) verstorbenen Mutter. Nachdem ich sie durchgesehen und gelesen hatte, erkannte ich, dass ich sie nicht einfach wegwerfen dürfte. Es sollte eigentlich ein Buch über sie entstehen; und es entstand, benötigte aber gute zwei Jahre, bis es in meinem ersten Verlag, dem August von Goethe Literaturverlag, Frankfurt/

Main, zur Veröffentlichung kam und wenig später, nach einer zweiten Auflage, auch ins Englische übersetzt wurde. Der Übersetzer, ein Australier, trägt zwar auch den Nachnamen Kuhl, entstammt aber einer anderen Familie, bei der mit der Zeit in diesem englischsprachigen Kontinent aus einem ü ein u wurde. Viv Kuhl hat eine ausgezeichnete Leistung vollbracht, ganz zu meiner vollsten Zufriedenheit. Heute verfügen alle Nationalbibliotheken der 52 Staaten der USA über ein englisches Exemplar und alle größeren deutschen Universitäten über ein deutsches.

Diese Biografie mit dem deutschen Titel »**Durch die Wolken zu den Sternen**« und das gleichlautende englische »**Through the Clouds to the Stars**« beschreibt die Lebensjahre und Zeitgeschichte meiner Mutter von 1910 bis 1980. Sie hatte ein hartes Leben, sodass ich mich am Ende des Buches fragte, ob sie denn von sich hätte sagen können, dass sie trotz allem glücklich war. Und dieses Kapitel wurde sodann später, im Jahr 2017, die Grundlage für mein Buch »**Wege des Glücks**«, eine allgemeine Betrachtung zu diesem Thema. Es erschien, ebenso wie »**Junge Liebe**« (Erinnerungen an meine Zeit mit dem Frankfurter Bildhauer **Hans Steinbrenner**), in meinem zweiten Verlag Kern. Davor, noch im ersten Verlag, erschienen »**Aphorismen und andere köstliche Kleinigkeiten**« (2014) und »**Mentale Dialoge mit einer Amaryllis**« (2015).

Im Zusammenhang mit diesen Büchern (wie auch mit den anderen vorausgegangenen Aktivitäten) entstanden im Laufe der Jahre immer wieder zahlreiche **Presseartikel**, und ich erhielt viele Einladungen zu Lesungen, die ich aber aufgrund meines fortschreitenden Alters inzwischen nicht mehr wahrnehme.

Die erste umfangreiche **Lesung** fand anlässlich der **Frankfurter Buchmesse** im Jahr 2013 statt. Dabei ging es um die Vorstellung meines ersten großen Werkes, der Biografie meiner Mutter: »Durch die Wolken zu den Sternen«.

Im gleichen Jahr lud der Verleger meines ersten Verlages, S.D. Dr. Donatus Prinz von Hohenzollern, seine Schriftsteller in seine Residenz in Langen zu Lesungen ein; das war am 30. November 2013. Damals las ich aus der gleichen Biografie das Kapitel zu »Glück«.

Als man sich allerorts an das Ende des Zweiten Weltkrieges erinnerte, fanden auch in Neu-Isenburg an einigen Orten Lesungen zu diesem Thema statt. Ich trug aus diesem Anlass am 9. Mai 2015 mit einer Lesung einiger Stellen aus dem gleichen Buch bei.

Auch Bibliotheken, Buchhandlungen und Schulen baten mich um Lesungen, ebenso wie der Verein für Geschichte, Heimatpflege und Kultur (GHK) von Neu-Isenburg, in dem ich Mitglied bin. Zum Vorstand dieses Vereins gehören unter anderem Bürgermeister Herbert Hunkel und Prinzessin Chantal zu Ysenburg.

Noch in diesem Jahr (2020) wird es eine Neuauflage meines Drehbuchs »Kolumbus & Co.«, auch als Lektüre gedacht, geben.

Des Weiteren habe ich bereits viele Vorbereitungen getroffen zu Büchern betreffend Lyrik, Poesie, Kurzgeschichten und Aphorismen II und III. Ob ich das noch verwirklichen werde/kann, wird sich zeigen.

Erziehung zur Befreiung Volkspädagogik in Lateinamerika
Paulo Freire: Rezeption und Kritik

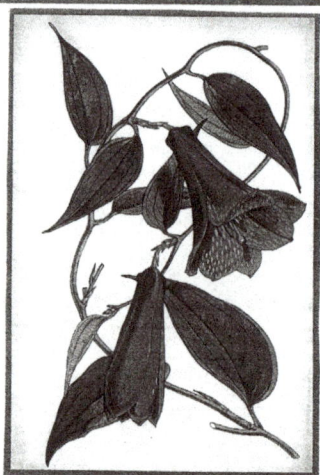

Palmengarten »Flora silvestre de Chile«

Zweckentfremdung meines Esszimmertisches als Arbeitstisch
für literarische Arbeit

Impressum

Portada:
Lapageria rosea RUIZ & PAVON
tomado de: CURTIS' Botanical Magazine, lám. 4447

Layout: DIETLIND GRIBAT, DR. GEORG ZIZKA

Litografía e impresión: Henssler KG, Frankfurt am Main

Reservados todos los derechos. © Agosto de 1992

Traducciones:
Alemán - Español:
Cap. 1.,3.,4.1.,4.6.,6.3.,6.5.,6.6.,6.8.,8.: INGEBORG KUHL DE SOLANO
Consejero lingüístico y botánico: DR. ANDREA A. COCUCCI
Cap. 4.2.,4.4.,6.4.: MARCELLO BAEZA
Cap. 2.,6.2.,6.9.: BETTINA TAPIA

Autores

PD Dr. EHRENTRAUD BAYER
Institut für Systematische Botanik
Ludwig-Maximilians-Universität
München
Menzinger Str. 67
8000 München 19

Dr. ANDREA A. COCUCCI
Museo Botánico
Casilla 495
5000 Córdoba; Argentina

Prof. Dr. JÜRKE GRAU
Institut für Systematische Botanik
Ludwig-Maximilians-Universität
München
Menzinger Str. 67
8000 München 19

FRED KATTERMANN
719 Route 519
Wantage, New Jersey 07641; U.S.A.

Prof. CLODOMIRO MARTICORENA
Departamento de Botánica
Universidad de Concepción
Casilla 2407
Concepción; Chile

Prof. Dr. OSCAR MATTHEI
Departamento de Botánica
Universidad de Concepción
Casilla 2407
Concepción; Chile

Prof. Dr. ROBERTO R. RODRÍGUEZ
Departamento de Botánica
Universidad de Concepción
Casilla 2407
Concepción; Chile

ALICIA SÉRSIC
Cátedra de Plantas Vasculares
Universidad Nacional de Córdoba
Córdoba; Argentina

Prof. Dr. TOD F. STUESSY
Museum of Biological Diversity
Department of Botany
Ohio State University
1735 Neil Avenue
Columbus, OH 43210-1293; U.S.A.

Dr. GEORG ZIZKA
Palmengarten der Stadt
Frankfurt am Main
Siesmayerstr. 61
6000 Frankfurt/Main

Los autores son responsables de sus propias contribuciones.
La redacción se reserva el derecho de modificaciones.

Contenido

STADT FRANKFURT AM MAIN

Prefacio del Stadtrat für Umwelt, Energie und Brandschutz, Stadt Frankfurt am Main
Salutación del Embajador de la República de Chile
Salutación del Presidente de la Sociedad Germano-Ibero-Americana
Agradecimientos

1. Introducción 9
    G. ZIZKA
2. Clima y distribución geográfica de la Flora de Chile 11
    J. GRAU
3. Observaciones sobre la historia de la investigación botánica
    en Chile 25
    G. ZIZKA
4. Descripción de regiones elegidas 31
    4.1. El desierto y el desierto de niebla 31
         G. ZIZKA
    4.2. La Zona Central de Chile 39
         J. GRAU
    4.3. Bosques del Sur Chile y sus principales componentes 44
         R. R. RODRÍGUEZ
    4.4. La vegetación de los Andes de Chile 50
         E. BAYER
    4.5. Diversidad de plantas en las Islas Robinson Crusoe 54
         T.F. STUESSY
    4.6. La Isla de Pascua 66
         G. ZIZKA
5. Composición de la flora vascular de Chile 71
    C. MARTICORENA
6. Descripción de plantas elegidas 80
    6.1. Helechos de Chile 80
         R. R. RODRÍGUEZ
    6.2. Las Compuestas – la familia más grande de Chile 85
         J. GRAU
    6.3. Siguiendo las huellas del Dr. R.A. Philippi 89
         F. KATTERMANN
    6.4. Las Monocotiledóneas Petaloideas de Chile 97
         J. GRAU
    6.5. Bromeliáceas 101
         G. ZIZKA
    6.6. Palmeras 107
         G. ZIZKA
    6.7. Algunas agrupaciones de las malezas que crecen en Chile 110
         O. MATTHEI
    6.8. Familias de plantas arcaicas, de la Flora chilena 114
         G. ZIZKA
    6.9. Particularidades de la Flora chilena 117
         J. GRAU
7. Polinización por animales en la Flora de Chile 123
    A. COCUCCI & A. SÉRSIC
8. Plantas útiles y ornamentales, de Chile 130
    G. ZIZKA
9. Los Parques Nacionales de Chile 138
10. Bibliografía 141
11. Índice de los nombres latinos y vulgares 147

Impressum - Contenido

6.8. Familias de plantas arcaicas, de la Flora chilena
GEORG ZIZKA

Si nos fijamos en la flora que nos circunda, podemos constatar que hoy vivimos en la „Edad de las angiospermas", un tipo de plantas aún jóvenes en comparación con otras, pero documentadas ya a través de fósiles del Cretácico, o sea que las había ya dese hace 135 a 65 millones de años. Estas plantas están representadas en todo el mundo con unas 300000 especies, y dominan la cubierta vegetal en casi todos los continentes. Son también por mucho las más importantes para la alimentación del hombre. Una de las cuestiones aún no del todo aclaradas y por lo tanto de un atractivo especial en la botánica es su orígen filogenético y geográfico. Lo que también sería importante, independientemente de los hallazgos fósiles, es analizar la estructura y la distribución de los grupos más recientes de estas plantas. Se consideran como arcaicas todas las angiospermas emparentadas en sentido amplio con la familia Magnoliaceae (subclase Magnoliidae) (DAHLGREN 1980, CRONQUIST 1988). En este grupo se presentan con frecuencia características que pueden ser calificadas de primitivas. Entre las familias de angiospermas consideradas más antiguas, dos se hallan presentes sólo en Chile y por lo tanto son de un interés especial para la botánica: Gomortegaceae y Lactoridaceae.

Gomortegaceae
La familia Gomortegaceae comprende una sola especie, *Gomortega keule*, descripta primero por MOLINA (1782) como *Lucuma keule*. Se trata de un árbol perenne de hasta 20 m de altura, distribuido en las provincias de Cauquenes, Concepción y Arauco. El „Queule" o „Keule" es aprovechado por el hombre desde hace mucho tiempo, ya que su madera duradera y de hermosas vetas es muy apreciada en la carpintería. Sus frutos de color amarillo (Fig. 111) son comestibles y de su pulpa se puede hacer mermelada.

Las hojas opuestas, indivisas, de un tamaño de 5-10 x 2-4,5 cm, son de borde entero, aromáticas y carecen de estípulas. Las flores hermafroditas son inconspicuas y presentan un número variable de piezas florales (Fig. 112). El perianto se compone de 5 a 9 elementos dispuestos en forma de espiral. De los 10 y 15 estambres, los exteriores se parecen a los pétalos; los siguientes 5 a 10 son estambres fértiles, y los 1 a 4 más internos son estériles y atrofiados. El ovario ínfero (!) se compone de 2 a 3 carpelos; sólo uno de los 2 a 3 óvulos se desarrolla en la semilla del fruto drupáceo que mide 2,5-7 x 3,5-5 cm (BRIZICKY 1959, BUCHHEIM 1958, RODRÍGUEZ & al. 1983).

Características de las flores así como del recorrido de los hacecillos de conducción a la altura de los nudos son las razones por las que se agrupa a éstas en el orden Laurales. La estructura anatómica de la madera es primitiva y muestra similitud con las Monimiaceae (ver más abajo).

Gomortega keule es actualmente muy escasa y está clasificada como amenazada de desaparecer (BENOIT 1989). Aparte de los estudios realizados en Chile, los Jardines Botánicos del mundo podrían tal vez también contribuir, mediante programas de multiplicación, a su conservación y a un aumento de esta especie tan interesante, pero al parecer aún no cultivada hasta la fecha.

Lactoridaceae
La familia Lactoridaceae comprende asimismo sólo una única especie: *Lactoris fernandeziana*. Existe sólo en la Isla de Robinson Crusoe, de un tamaño de 50

PALMENGARTEN

Fig. 111: Rama con frutos del Keule (*Gomortega keule*) (E. BAYER).

Fig. 112: Flores del Keule (E. BAYER).

Fig. 113: *Lactoris fernandeziana* en su hábitat natural en la Isla Robinson Crusoe (G. ZIZKA).

Fig. 114: Rama en flor de *Lactoris fernandeziana* (G. ZIZKA).

Familias/Palmengarten

Beispiel für eine schwierige Übersetzung ins Spanische

Die Autorin mit ihrem ersten Buch

Ab 2010: Schriftstellerin,
Erstes Buch: »Durch die Wolken zu den Sternen«

Den Leser des vorliegenden Buches erwartet eine ergreifende literarische Gestaltung der persönlichen und gesellschaftlichen Situation der Menschen vor, im und nach dem 2. Weltkrieg. Im Bezugs- und Mittelpunkt steht Elisabeth, die Mutter der Autorin. Das Werk beruht auf facettenreicher Erfahrung der Lebenswirklichkeit und reicher Kenntnis dokumentarischer Sachverhalte aus Elisabeths Heimatstadt Frankfurt am Main. Schrecknisse des Krieges treffen die junge Familie, die nur wenige glückliche Jahre hat. Der Vater vermißt in doppelter Bedeutung des Wortes – durchaus kein Einzelschicksal. Entbehrung und Not, Leid, Zerstörung und Tod sind gegenwärtig. Und da ist eine Mutter, engagiert und stark, obwohl häufig erkrankt, die sich beruflich in hervorragenden Leistungen entwickelt hatte und trotz aller Widerwärtigkeiten mit Lebensmut, Fleiß und Verantwortungsbewußtsein für ihre beiden kleinen Töchter sorgt, aber auch den Sinn für das Gute, Wahre und Schöne vermittelt und ihnen Bildungschancen zu eröffnen sucht. Doch auch die heiteren Seiten des Lebens kommen dabei nie zu kurz, denn Elisabeth ist ein Faschingskind, liebt Scherz und Schalk, Tanz, Musik, Poesie, Geselligkeit und Natur, und sie versteht trotz allem eines immer besonders gut: auch Stunden des Glücks zu genießen, ihren Weg durch die Wolken zu den Sternen zu finden. Mit diesem inhaltlich wie stilistisch überzeugenden und schönen Werk, einem sehr lebendigen und authentischen Zeitzeugen-Bericht aus den Jahren 1910 bis 1980, wird Elisabeth eine verdiente Würdigung zuteil.

Das Buch ist auch in englischer Sprache unter dem Titel „Through the clouds to the stars" erhältlich. Die Werke finden Sie in jeder gut sortierten Buchhandlung sowie im Internet über www.Amazon.de und Amazon.com.

Buchvorstellung
Ingeborg Kuhl de Solano
Durch die Wolken zu den Sternen

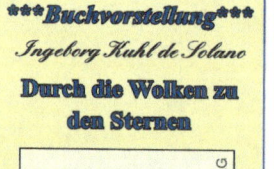

Ingeborg Kuhl de Solano

Durch die Wolken zu den Sternen
Ein biographischer Roman

Elisabeth
– ihr Leben, ihre Zeit, ihre Welt –
(1910–1980)

Eine Geschichte, die das Leben schrieb

AUGUST VON GOETHE LITERATURVERLAG

596 Seiten, Paperback
€ 29,80 • sFr 35,80
ISBN 978-3-8372-1236-5

AUGUST VON GOETHE LITERATURVERLAG
Großer Hirschgraben 15 • D-60311 Frankfurt/Main
Tel 069-40894-0 • Fax 069-40894-194

Es war ein Nachlass, der für die Autorin eine wahre Fundgrube war, und daraus entstand ein Buch – erfrischend in seiner Sprache, unprätentiös im Stil und übersichtlich strukturiert. Die Stärken und Schwächen der Menschen werden nicht ausgespart, auch aufgezeigt, was man durch Fleiß, Einsatz und Aufrichtigkeit im Leben alles erreichen kann – so wie dies bereits durch die Metapher des Titels und Titelbildes zum Ausdruck kommt.

Biographische Mitteilungen, gut reflektierte Zeitgeschichte, Regionalbezüge, Vergleiche mit der Gegenwart, Exkurse und zahlreiche Illustrationen verbinden sich zu einer auch für Dritte aufschlussreichen Einsicht in eine spannende Familiengeschichte, die durch die Persönlichkeit der Verfasserin verbürgt ist. Ein ergreifendes und mitreißendes Werk und zugleich ein beachtenswertes Kriterium für historische Literatur.

Das Buch ist auch in englischer Sprache unter dem Titel „Through the clouds to the Stars" erhältlich. Die Werke finden Sie in jeder gut sortierten Buchhandlung sowie im Internet über www.Amazon.de und Amazon.com.

For the reader of the book at hand there awaits a poignant literary reconstruction of the personal and social situation of people before, during and after the Second World War. As the reference point and central character stands Elisabeth, the mother of the author.

The work is based on a multifaceted experience of the realities of life and a rich knowledge of documentary material from Elisabeth's home city Frankfurt am Main. The horrors of war strike the young family, which enjoys just a few happy years. The father "goes missing" in both meanings of the term – a fate which is by no means an individual case. Privation, distress, sorrow, destruction and death are present. And there is a mother, committed and strong although often unwell, who had developed herself professionally with outstanding achievements and in spite of all adversities cares for her two small daughters with optimism, dilligence and a sense of responsibility, but also imparts the meaning of the good, the true and the beautiful and tries to open for them educational opportunities. But also the bright side of life is never overlooked, for Elisabeth is a "Carnival child", loves fun and playing tricks, dancing, music, poetry, socialising and nature, and in spite of everything she always understands one thing very well: how to enjoy also her hours of good fortune, to find her way through the clouds to the stars. With this work, convincing and beautiful in its content and style, a very animated and authentic eyewitness account of the years 1910 to 1980, Elisabeth is provided with a well-earned acknowledgement.

This book is also available in German with the title „Durch die Wolken zu den Sternen" and can be found in any well-stocked bookstore or on the Internet at www.Amazon.de and Amazon.com.

BOOK LAUNCH
Ingeborg Kuhl de Solano
Through the clouds to the stars
Biography

Ingeborg Kuhl de Solano

Through the Clouds to the Stars

Elisabeth
– her life, her times, her world –

the fate of a German woman
from Frankfurt am Main between 1910 and 1980
or
A Story which life wrote

AUGUST VON GOETHE LITERATURVERLAG

535 pages, Paperback,
€ 28,80 • sFr 34,80 • £ 25,80
ISBN 978-3-8372-1294-5

AUGUST VON GOETHE LITERATURVERLAG
Großer Hirschgraben 15 • D-60311 Frankfurt/Main
Tel 069-40894-0 • Fax 069-40894-194

The estate turned out to be a veritable treasure trove for the author. The resulting book is clearly structured, refreshingly written and unpretentious in its style. It reveals the protagonists' strengths and weaknesses, while demonstrating what is possible through diligence, perseverance and honesty, as implied by the book's metaphorical title.

This work's biographical messages, well reflected historical context, local anecdotes, relevant comparisons to the present and its illustrative storyline, offer the reader a true understanding of an exciting family history, affirmed by the author's own personality. It is a poignant and powerful story, but also a noteworthy work of historical literature.

This book is also available in German with the title „Durch die Wolken zu den Sternen" and can be found in any well-stocked bookstore or on the Internet at www.Amazon.de and Amazon.com.

Werbeflyer zum Buch »Durch die Wolken zu den Sternen«/
»Through the clouds to the stars«

*Lesung auf der Frankfurter Buchmesse (10. und 11. Oktober 2013)
aus meinem Buch auf dem Stand meines ersten Verlages
»August von Goethe Literaturverlag« (A 4 in der Halle 4.1)*

*Literarischer Abend in der Residenz des Verlegers S.D. Dr. Donatus Prinz von
Hohenzollern (30.11.2013), Lesung des Kapitels »Wege des Glücks« (1. Buch)*

Buchvorstellung

Ingeborg Kuhl de Solano

Mentale Dialoge mit einer Amaryllis

Ein Geschenkbüchlein für Blumenliebhaber
79 Seiten, Softcover,
€ 9,80 • sFr 11,80
ISBN 978-3-8372-1620-2

AUGUST VON GOETHE LITERATURVERLAG
Mainstraße 143 • D-63065 Offenbach/Main
Tel 069-40894-0 • Fax 069-40894-194

Eines Tages bekommt die Autorin dieser bezaubernden kleinen Erzählung zum Geburtstag von einer älteren Dame einen schlichten Blumentopf mit einer darin ruhenden bräunlichen Zwiebel geschenkt. Sie stellt den nichtssagenden Topf auf eine ihrer Fensterbänke, wo er zunächst eine ganze Reihe von Tagen, wie unbeachtet, still vor sich hin zu schlafen scheint, bis sich für die Erzählerin aus dem unscheinbaren Geschenk eine große Überraschung entwickelt: Eine prächtige Amaryllis mit strahlend schönen Blütenblättern.

Die namenlose Erzählerin begleitet die anfangs ebenfalls namenlose Pflanze nun in ihren Gedanken während deren gesamter Lebensdauer. Sie beobachtet ihre ständigen Veränderungen, sinnt lange über sie nach, versetzt sich in sie hinein und gerät ins Philosophieren. Sie beginnt nicht nur, mit ihr innerlich zu sprechen, sondern ihr quasi auch zuzuhören, denn es kommt ihr so vor, als ob ihr die Pflanze auch antworten würde, ihr zu sagen wünsche, was sie selbst denkt, fühlt und wahrnimmt. So entsteht ein über viele Tage andauernder vielschichtiger und reger Diskurs zwischen zwei Welten voll reichhaltiger Themen. Beide tauschen so etwas wie heimliche Botschaften miteinander aus. Die Erzählerin erfährt vieles über das Innenleben und die verborgene Welt der Pflanze und über ihre Beziehung zu Himmel und Erde; und die Pflanze nimmt an Ausschnitten aus dem Leben der Erzählerin teil.

So wird die Pflanze, ohne einen Ton von sich zu geben, voll lebendig. Die anfänglichen Monologe werden zu mentalen Dialogen. Dadurch gerät auch der Leser in den Bann des großen Spannungsbogens dieser Erzählung, die zugleich repräsentativ ist für das Leben schlechthin.

Das Buch finden Sie in jeder gut sortierten Buchhandlung sowie im Internet über www.amazon.de und amazon.com.

Werbeflyer zum Buch »Mentale Dialoge mit einer Amaryllis«

Buchvorstellung

Ingeborg Kuhl de Solano

Aphorismen

190 Seiten, Softcover,
€ 14,80 • sFr 17,80
ISBN 978-3-8372-1619-6

AUGUST VON GOETHE LITERATURVERLAG
Mainstraße 143 • D-63065 Offenbach/Main
Tel 069-40894-0 • Fax 069-40894-194

Mit ihren gleichermaßen klugen wie tiefsinnigen, oft auch humorvollen Aphorismen präsentiert die Autorin ein vielfältiges Panorama an Gedanken, Fragen und metaphorischen Äußerungen, die Leser aller Altersstufen zum Nach- und Weiterdenken anregen.

In einem langen Leben angesammelte Erfahrungen ermöglichen es ihr, hinter Fassaden zu blicken, Oberflächlichkeiten unserer Welt zu entlarven und Selbstverständlichkeiten in Frage zu stellen.

Auch Humorvolles und Hintergründiges kommen nicht zu kurz, sei es über witzige Appelle oder anekdotenhaft erzählte „freche" Geschichten.

Mit ihren Aphorismen ist es Ingeborg Kuhl de Solano gelungen, in sparsamen Worten, doch einer markanten Sprache von starker Aussagekraft ein breites Spektrum von Sachverhalten prägnant auf den Punkt zu bringen.

Das Buch erhalten Sie in jeder gut sortierten Buchhandlung sowie im Internet über www.amazon.de

Werbeflyer zum Buch »Aphorismen«

Ingeborg Kuhl de Solano

Wege des Glücks

Illustrationen:
Michael Schmitt-Hermeskeil

Ingeborg Kuhl de Solano

Wege des Glücks

Ein Geschenkbüchlein

Verlag Kern GmbH
ISBN: 978-3-95716-254-0
ISBN E-Book: 978-3-95716-248-9
44 Seiten
Preis 9,90 Euro

www.verlag-kern.de

Zur Autorin

Geboren und aufgewachsen in Frankfurt am Main. Kriegs-Evakuierung in Oberhessen. Längere Auslandsaufenthalte und Reisen. Beruflicher Schwerpunkt: Hispanistin

Über das Buch

Wer auf dieser Erde sehnt sich eigentlich nicht nach einem klein bisschen Glück, möchte es erleben – oder verstehen, warum es ihm nicht widerfährt, wo es doch so oft nur darauf wartet, entdeckt, abgerufen und genutzt zu werden. Ingeborg Kuhl de Solano regt ihre Leser in 14 Passagen von prägnanter Aussagekraft an, mit ihr vertieft über das Glück nachzudenken, das doch jeder anders empfindet, deutet, bewertet und handhabt. Sie erinnert an das materielle und das immaterielle Glück, an die glückselige Freude eines Kindes über ein Geschenk, an mögliche heilende Effekte des Glücks und an das wohltuende geteilte Glück; aber auch an das einzigartig hohe Glücksgefühl der Liebe. Das wahre, andauernde Glück kommt für sie allerdings nicht einfach so daher, sondern jedermann ist auch seines Glückes Schmied – ein Punkt, an dem sich viele Geister scheiden, nämlich dann, wenn jemand nicht bereit ist, etwas in seinem Leben zu verändern und gerade deshalb scheitert und im Unglück landet.
Der Frankfurter Künstler Michael Schmitt hat es verstanden, diese faszinierende Lektüre feinfühlig durch farbenfrohe Einfälle zu bereichern und somit zu optimieren.
Alles in allem ein Buch, das sich als Geschenk für alle Gelegenheiten eignet, bei denen man einem lieben Menschen Glück wünschen möchte.

17.3.2019: Lesung im Verein für Geschichte, Heimatpflege und Kultur (GHK), Neu-Isenburg, zum Thema/Buch »Wege des Glücks«

Mit Bürgermeister Hunkel

Mit Prinzessin Chantal zu Ysenburg

Publikum

Werbeflyer zum Buch »Junge Liebe«

Samstag, 9. Mai 2015

Neu-Isenburger
Neue Presse

Seite 2

Als der Krieg zu Ende war

In Neu-Isenburg lasen Bürger Auszüge aus Büchern und persönlichen Erlebnissen vor

Ingeborg Kuhl de Solano erlebte das Kriegsende in Frankfurt. Sie hat schon ihren Schülern von der schrecklichen Zeit ihrer Kindheit erzählt. „Das kann sich keiner vorstellen, der es nicht selbst erlebt hat", betonte Kuhl de Solano. Sie hat den Nachlass ihrer Mutter aufgearbeitet und daraus eine umfangreiche Dokumentation erstellt. In dem autobiographischen Roman mit dem Titel „Durch die Wolken zu den Sternen" erzählt sie diese Geschichten.

„Kurz vor Kriegsausbruch" war ich fünf Jahre alt und meine Eltern sechs Jahre verheiratet. Um das Maß ihres harten Schicksals voll zu machen, schwebte über allem noch das Damokles-Schwert eines möglichen Krieges. Diese Vorstellung beherrschte seit Jahr-gem das tägliche Denken und Handeln und bestimmte viele Entscheidungen", beschrieb die Autorin die Situation.

Am Weltladen las Ingeborg Kuhl de Solano aus ihrem autobiographischen Roman „Durch die Wolken zu den Sternen" vor.

Fotos: Leo Po

Zeitungs-Artikel zu »70 Jahre Kriegsende«

168

Kapitel 11

Alle Zeitungsartikel zu Aktivitäten/Lesungen

Datum/Presse	zu/Titel
1975 Sachbuch rororo	»Erziehung zur Befreiung« – Übersetzung zu: Volkspädagogik in Lateinamerika (Freire)
05.07.1990 Frankfurter Rundschau	Schüleraustausch Schillerschule Frankfurt/Main mit deutscher Schule Madrid »Austausch schult europäischen Blick«
1992 Sonderheft Nr. 19 Palmengarten	»Flora silvestre de Chile« – botanische Übersetzungen Stadt Frankfurt/Main
04.03.1993 Frankfurter Rundschau	Zu Theaterstück »Kolumbus & Co.« (2 Frankfurter Schulen) »Der Alptraum ist allgegenwärtig«
21.03.1996 Frankfurter Rundschau	Schüleraustausch Schillerschule Frankfurt/Main mit Grace Lutheran College/Brisbane/ Queensland »Vier Wochen lang auf Besuch in Australien«
11.06.1997 Offenbach Post	Großaufführung »Carmina burana« (szenisch) im Bürgerhaus Dreieich-Sprendlingen (3 Aufführungen) »Stück ohne Worte, aber mit viel Leben« (Artikel von Alexander Subtil)
25.06.1997 Dreieich Spiegel	»Theatralisches Spektakel der Extraklasse«
07.07.2003 Offenbach Post	Bau einer großen Mosaikrundbank im Stil von Gaudí »Ein Hauch von

	Spanien und ein Schmuckstück für den Schulhof«
08.07.2003 Frankfurter Rundschau	»Die Gaudí-Bank hat den Schülerinnen viel Vergnügen gebracht«
21.01.2013 und 09.10.2014 Dreieich Zeitung	Zu Buch »Durch die Wolken zu den Sternen«, »Tatkraft und Schmerz« (Autor: Kurt Banse)
09.07.2013 Gießener Anzeiger	Zu Buch »Durch die Wolken zu den Sternen«, »Autobiographischer Roman mit Staufenberg in der Weltkriegszeit als Schauplatz«
26.09.2013 Frankfurter Neue Presse	Zu Buch »Durch die Wolken zu den Sternen« »Bild der Frankfurter Gesellschaft« (Autor: Jürgen Walburg)
28.09.2013 Gießener Allgemeine	Zu Buch »Durch die Wolken zu den Sternen«, »Ingeborg Kuhl de Solano erinnert sich in biogrphischem Roman auch an Staufenberg«
02.10.2013 Gießener Allgemeine	Zu Buch »Durch die Wolken zu den Sternen«/Lesung »Ein Vorbild und ein toller Mensch«
04.10.2013 Gießener Anzeiger	Zu Buch »Durch die Wolken zu den Sternen«/Lesung, »Auch in Staufenberg vergebliches Warten auf den Vater«
Ausgabe 4/2013 Frankfurter Senioren-Zeitschrift	Zu Buch »Durch die Wolken zu den Sternen« (Autorin: Nicole Galliwoda) »Ich bin meinem Vater ganz neu begegnet«

10. und 11.10.2013	Lesung aus dem Buch
Frankfurter Buchmesse (2 Tage)	»Durch die Wolken zu den Sternen«
	für das www.deutsches-literaturfern-
	sehen.de

Siehe meine Schreiben vom 12.02.2014 und 16.07.2014 und Schreiben Verlag
vom 06.02.2014 und 17.07.2014 betreffend Einreichung einer Bewerbung für
den Internationalen Literaturpreis

»Haus der Kulturen der Welt« für die englische Übersetzung meines ersten
Buches

18.12.2014	Zu Buch »Aphorismen und andere
Dreieich Zeitung	köstliche Kleinigkeiten«
	»Literatur aus der Hugenottenstadt«
20.12.2014	Zu meinem 80. Geburtstag
Offenbach-Post	»Eine Frau, viele Facetten«
22.12.2014	Zu meinem 80. Geburtstag
Frankfurter Neue Presse	»Ein Leben für Sprachen, Musik und
	Literatur«
25.12.2014	Zu meinem 80. Geburtstag
Stadtpost Neu-Isenburg	»Dolmetscherin, Autorin und Regis-
	seurin»
23.03.2015	In: Literaturmarkt.info
Brentano Gesellschaft	Vorstellung meiner drei Bücher
09.04.2015	»Mentale Dialoge mit einer
Dreieich Zeitung	Amaryllis«
15.04.2015	»Durch die Wolken zu den Sternen«
	Lesung im Quartier IV, Neu-Isenburg,
	Thema: »Wider das Vergessen/70
	Jahre Kriegsende«

07.05.2015 Dreieich Zeitung	»Durch die Wolken zu den Sternen« Lesung im Weltladen, Lessingstraße, Neu-Isenburg, zum Ende des Zweiten Weltkrieges vor 70 Jahren
09.05.2015 Neue Presse	»Durch die Wolken zu den Sternen« »Als der Krieg zu Ende war«
09.07.2015	»Mentale Dialoge mit einer Amaryllis«/Lesung in der Buchhandlung »gut gegen nordwind« in Sprendlingen
24.09.2015	»Durch die Wolken zu den Sternen» Lesung in der Buchhandlung »gut gegen nordwind« zu Krieg und Nachkriegszeit
04.02.2016 Offenbach Post	»Durch die Wolken zu den Sternen« Kap. XII, eine ganze Seite: »Als das Wirtschaftswunder begann«
23.02.2016 Frankfurter Rundschau	»Durch die Wolken zu den Sternen» »Spät entdeckte Leidenschaft«
März 2016	Lesung aus »Mentale Dialoge mit einer Amaryllis» Brentano Gesellschaft für das www.deutsches-literaturfernsehen.de

Plus Internet:
Book Depository.com/Amazon.com/Lovelybooks.de/JPC.de/OP-Online.de/
Autorenprofile.de/Aautoren-TV.de/GumuldurtaksI.com

Kapitel 12

Reisen

Wer Sprachen liebt, liebt es auch zu reisen. Er beliest sich und bereitet sich gut vor. Er will die Länder kennenlernen, deren Sprachen er spricht, aber auch die anderen; doch eigentlich kann man sich ja heute fast überall zumindest in Englisch verständigen.

Man möchte seine eigenen Kenntnisse anwenden und erweitern, aber auch den Bewohnern des Landes gut zuhören und zusehen. Man interessiert sich für deren Gewohnheiten, Aktualität, Geschichte und Kultur; man entdeckt Neues, forscht und freut sich.

Meine zweite Heimatsprache wurde ja Spanisch und Spanien mein zweites Heimatland. Mein Englisch erweiterte sich dank seiner romanischen Wurzeln.

Sowohl mein spanischer Ehemann wie danach mein italienischer Partner sprachen ebenfalls drei Sprachen und waren auch ebenso am ständigen Reisen interessiert. Die größte Freiheit und individuelle Gestaltung des Reisens bietet übrigens meines Erachtens ein Wohnmobil; wir konnten damals damit sogar noch überall da parken, wo es uns gefiel, ob in der freien Natur oder in Städten, wenn wir etwas besichtigen wollten. Doch einmal wurden wir bitter beklaut, und dies ausgerechnet in Madrid, ganz in der Nähe des Palacio Real, also dem Königspalast. Man durchstöberte damals in kurzer Zeit unser gesamtes Wohnmobil.

Reisen heißt aber nicht nur raus aus dem Alltag und genießen, sondern vor allem: Mal über den Tellerrand, den eigenen, zu schauen, heißt: die Welt kennen- und besser verstehen zu lernen, mit anderen eine gute Kommunikation aufzubauen und danach zu pflegen, umzusetzen und von eigenen Erfahrungen schließlich auch weiterzugeben, was man erlebt und erkannt hat. Dazu hatte ich natürlich durch meinen Lehrerberuf viel Gelegenheit und erinnere mich an dieser Stelle gerade an meinen Unterricht bei meinen Fremdsprachensekretärinnen, von denen ein Mädel mich eines Tages fragte, warum sie denn auch die Namen der iberoamerikanischen Länder und deren Hauptstädte zu lernen hätten. Da war ihnen natürlich zu erklären, dass sie in ihrem späteren Beruf ja sehr wahrscheinlich auch mit Firmen aus diesen Gebieten zu korrespondieren haben würden. Und aufgrund der mir bis zu ihrer Prüfung zur Verfügung stehenden äußerst geringen Zeit unterjubelte ich ihnen auch immer wieder diese Länder betreffende Texte als Übersetzungsübungen und Hausaufgaben. So kamen sie nolens volens trotz allem zu gewissen Grundkenntnissen, von denen, so hoffe ich, sicherlich einiges hängen geblieben sein dürfte.

Ich selbst habe mir ja viele Kenntnisse hart erarbeitet, und dies vollkommen individuell und in vielerlei Hinsicht, gerade auf Reisen, die ich allein unternahm und nach meinen Vorstellungen gestaltete:

Ich traf nach einem Flug in einem vorreservierten Hotel ein und erkundigte mich bereits beim Einchecken über alle kulturellen Angebote in der betreffenden Stadt und Umgebung. Und daraus gestaltete ich für jeden Tag ein Morgen-, ein Nachmittags- und ein Abendprogramm, eroberte sozusagen so

1964: Große Griechenland-Reise:
Gesamte Ostküste von Athen bis Saloniki
sowie gesamter Peloponnes und die Insel
Rhodos (mein Alter damals: 30 Jahre)

viel wie möglich in kurzer Zeit, um wenig später mein nächstes Ziel anpeilen und erobern zu können, natürlich auch mit reichlich neuem Lesematerial im Koffer für die zu Hause anstehende Aufarbeitung. Relaxen hieß für mich nie Faulenzen an einem Strand, sondern etwas Interessantes unternehmen, das Land und seine Besonderheiten kennenlernen.

Und wie bewegte man sich eigentlich im Laufe der Jahre so vorwärts?

Nun, in meiner Kindheit tat man das zuerst auf einem Dreirädchen. Danach fuhr man Rollschuhe, Schlittschuhe und Schlitten. Als ich neun und zehn Jahre alt war und wir auf dem Land evakuiert lebten, fuhren wir Kinder gerne mit den Bauern auf ihren hochbeladenen Erntefahrzeugen, zum Beispiel einem Heuwagen. Zurückgekehrt, in der Stadt, lief man überwiegend zu Fuß oder benutzte die Straßenbahn, die wir damals »die Elektrische« nannten. Wenn wir, fast immer sonntags, wandern gingen, fuhr man mit der Straßenbahn bis zur Endstation oder, wenn es mal nicht der Taunus, sondern der Odenwald war, mit dem Zug. Während meiner letzten Schuljahre erlernte ich das Fahrradfahren, und zwar auf einem Männerfahrrad, nämlich Opa Horns »altem Schinken«. Erst von meinen ersten Gehältern im frühen Arbeitsleben konnte ich mir endlich ein eigenes Fahrrad leisten, Marke Sigurd, sogar mit Gangschaltung! Dieses gute Stück benutzte ich sodann ungefähr 20 Jahre lang. Anfang der 1960er-Jahre machten mein Mann und ich, schon kurz nach unserer Eheschließung, den Führerschein und kauften uns zuerst einen kleinen Fiat und danach einen VW-Käfer. Als dann der Tourismus immer mehr erblühte, flogen wir natürlich auch mal mit dem Flugzeug. Und in der Freizeit machte ich, noch unverheiratet, gelegentlich Skiurlaub. Was ich auch gerne erinnere, ist ein Segelflug in der Rhön.

Das waren sozusagen die »hausbackenen« Fortbewegungsmittel. Doch während der Zeit der Ausübung meines Dolmetscherberufes in den späteren Jahren konnte es auch schon mal passieren, dass mich ein echt schicker Schlitten vor der Haustüre erwartete; gelegentlich war es sogar ein Rolls Royce, wenn es zum Beispiel in die alte Hauptstadt Bonn ging, natürlich mit Chauffeur in Glacéhandschuhen – damals!

Während wir alten Frankfurter auch immer mal gerne »Schiffchen« fuhren, sei es auf dem Main oder bis zum Rhein, sozusagen kleinen Tourismus ausübend, änderte sich das natürlich im Laufe des weltweiten Tourismus: Jetzt gab es Kreuzfahrtschiffe, die immer größer wurden, fahrende Städte auf allen Meeren. Ich benutzte ein solches nur einmal in meinem Leben, nämlich von Miami hinüber zu den Bahamas und zurück. Aber das ist nicht meine Welt, wegen der vielen Leute. Außerdem habe ich zu dieser Fahrt noch eine üble Erfahrung in Erinnerung: Ich genoss nämlich nicht nur Sonne und Wind an Deck, sondern nutzte auch die Zeit, um endlich meinen lieben Freunden überall in der Welt schöne Grüße zu schicken, und schrieb jede Menge Postkarten, die natürlich auch frankiert werden mussten; und dafür gab es einen Extrastand an Bord. Der Verkäufer bot sich an, die Karten mit den Marken zu versehen, und ich willigte ein, denn er würde sie an Land gleich absenden lassen. Bequem, dachte ich.

Aber wieder zu Hause angelangt, hörte ich von allen Seiten, man habe keine Karte erhalten. Da hatte sich der so freundlich wirkende Angestellte offenbar bereichert. Darüber beklagte ich mich seinerzeit heftig bei der Company, die auch angemessen zurückschrieb; doch was sie unternommen hatte, konnte ich natürlich nicht erfahren. Aber man hatte sich immerhin entschuldigt.

Viel mehr genoss ich alle Verkehrsmittel auf meinen Australienreisen. Sie weckten in mir rasante Gefühle, gerade bei meiner letzten achtwöchigen Großreise, die auch die beiden Neuseelandinseln einschloss. »Das gab's nur einmal, das kommt nicht wieder; das war zu schön, um wahr zu sein« – so ein Song aus meiner Jugendzeit …

Alle meine Reisen
(durch Europa, Nord-/Südamerika und Australien)

Die ersten Reisen mit den Eltern erfolgten immer im Zug zu den Großeltern (väterlicherseits) nach Staufenberg; im Krieg mit der Mutter in den Schwarzwald und nach dem Krieg nach Ruhpolding und Umgebung.

- A -

Ich reiste ab 1959 per Bahn/Pkw/Flugzeug mit meinem Mann zunächst
- durch Deutschland, unter anderem nach Düsseldorf, Hamburg, Berlin etc. und in den folgenden acht Jahren
- durch Spanien, unter anderem nach Pamplona (seiner Heimatstadt), Madrid, Salamanca, Santillana, Calpe, Sevilla, Aragón, Asturias, Nordspanien, einschl. Pyrenäen, Toledo, zur Granja de San Ildefonso und nach Barcelona, Málaga, Granada, Galicia etc.; und
- in andere Länder: nach Italien (Rom, Venedig, Neapel, Pompei, Capri, Apulien) (1962) nach Österreich (4/1963) nach Holland (5/1963) nach Frankreich (Loire-Schlösser und Arcachon) (1963) in die Schweiz (1964) und nach Konstanz (1964) nach Griechenland, einschl. Rhodos (9/1964) nach Belgien (4/1965) nach Luxemburg (und die Mosel entlang) (6/1965) nach Monaco (1966) in die Tschechoslowakei (einschl. Prag) (5/1967) nach Marokko (2/1968) nach Italien (einschl. Sizilien, Florenz, Genua, Pisa) (4/1968) nach England (4/1969) nach Dänemark und Belgien (5/1969) nach Italien (12/1969) nach Portugal (3/1970)

- B -

Reisen mit meinem Partner (ab 1972)
mit Pkw und Zelt/Wohnwagen/Wohnmobil, das waren Fahrten innerhalb von Deutschland, der Schweiz, Luxemburg und Liechtenstein, durch Frankreich, Spanien, Portugal, Italien

- C -

Flüge mit meiner Schwester (1980er-Jahre)

- in die USA (10/1981)

- nach Budapest (4/1986) (Zeit Tschernobyl/Ukraine, Reaktorunfall = GAU)

- nach Rom und in die Toscana

- nach Madrid und Zaragoza

Weitere Flüge von mir allein

- auf die Kanaren (1992)

- nach Barcelona (5/2001)

- nach Italien (9/2005)

- nach Málaga (3/2006)

- nach Sevilla (9/2006)

- D -

Meine großen Auslandsflüge zwischen 1980 und 2005 waren:

- nach Süd- und Mittelamerika (1980) (eine Großreise!):
  (Brasilien, Argentinien, Uruguay, Chile, Peru, Panama, zurück über Miami)

- fünfmal nach USA (einschließlich Mexiko und Bahamas):
  (verschiedene Staaten: 10/1981; 8/1988; 7/1992; 10/1994; 10/2004)

- dreimal nach Australien (Süden, Osten, Westen und Zentrum: 1989/90;
  4/1995; und letzte Reise von acht Wochen zusätzlich beide Inseln von
  Neuseeland: 4–6/2005)

- auf die Kanaren (Tenerife, Gomera, Lanzarote: Ostern 1993)

- E -

Und zu den Highlights, die ich nie vergessen werde, gehörten

- mein Flug Paris–Rio mit der beeindruckenden Concorde

- die Iguazú Wasserfälle am Paraná, zwischen Brasilien und Argentinien

- der Blick vom Rand des Vesuvs hinein in den Krater

- der Anblick des mächtigen Teide, dem höchsten Berg Spaniens
- mein Flug durch den Grand Canyon
- die Insel Rhodos
- die Stadt New Orleans und vieles andere mehr
- vor allem aber das australische Outback

Ich kann unmöglich all das Schöne, das ich im Laufe meines Lebens gesehen und erlebt habe, aufzählen; aber um den Leser mal an etwas teilnehmen zu lassen, nachstehend eine kurze Schilderung meiner einmaligen und unvergesslichen wenigen Tage im tiefsten australischen Outback.

Ich hatte mich nach Ostaustralien begeben auf der Suche nach den Nachfahren unseres Auswanderers Georg und war dabei in Queensland zuerst auf »unechte« Kuhls gestoßen, die eigentlich »Kühl« heißen müssten. Aber sie waren von Anfang an gute Freunde und blieben es auch nach Auffindung meiner echten Verwandten. Sie hatten für mich eine wahre Kette von Familien und sehenswerten Orten im gesamten Osten dieses Kontinents aufgebaut, reichlich große Events eingeschlossen, und die einen übergaben mich jeweils den nächsten – ich war damals ganz happy!

Und dazu gehörte auch ein Besuch im Outback, von dem ich mir auf eigene Faust allerdings bereits einen Überblick verschafft hatte; denn bevor ich alle diese lieben Menschen traf, hatte ich schon mal einen Flug nach Alice Springs gebucht, um mir den Ayers Rock, den Uluru – wie ihn die Ureinwohner nennen, deren Heiligtum er ist – anzusehen und ein paar Kontakte zu den Aborigines herzustellen. Doch letzteres war fast unmöglich, denn man verkauft zwar in fast allen dortigen Geschäften ihre Handarbeiten und Kunstgegenstände, doch sie selbst leben abseits, im Verborgenen, sodass man nur wenige zu sehen bekommt; und mit den von ihnen hergestellten Gegenständen verdienen die Weißen das große Geld!

1962: Olivenbäume in Apulien.
Sie können über 1000 Jahre alt werden.

Olivenernte damals

Die berühmten Trulli in lberobello/Apulien
(Rundhäuser mit konischem Dach)

1972: In Metato in der Toskana

1972: In Pisa in der Toskana (mein Alter: 38 J.)

1980: Die Wasserfälle von Iguacú

Im australischen Outback

Bei meinem Hin- und Rückflug dorthin konnte ich die Ausmaße dieser immensen Wüste bereits erfassen. Wenn man von oben die vielen blendend weiß strahlenden Salzseen und die immer nur über kurze Strecken verlaufenden und dann wieder versinkenden Wasseradern aus Vorzeiten wahrnimmt, versteht man, warum dieser Kontinent auch »Down Under« genannt wird, da er ja in der Vergangenheit immer wieder unter Wasser stand.

Aus dem Flugzeug heraus erblickt man aber auch Werke des Menschen: schnurgerade verlaufende große Autobahnen, die das riesige, flache Nichts durchziehen, in dem es keine Dörfer, keine Bäume, nur dürftiges Grasland und ab und zu ein paar Büsche oder Termitenhügel gibt. Diese Autobahnen kommen dem Güterverkehr zugute und werden hauptsächlich von mächtigen Road Trains befahren. Mit ihren oft vier Hängern auf 60 Rädern können sie eine Länge von bis zu 55 Metern erreichen. Da zu dem erwähnten Kreis Nichtverwandter auch eine Familie gehörte, die ein großes Transportunternehmen besaß und jede Menge solcher Riesenfahrzeuge quer durch den Kontinent schickte, bekam ich sogar die Gelegenheit, einmal eine kurze Strecke mit einem solchen Road Train auf einem Highway mitzufahren und war natürlich ganz high, werde es auch nie vergessen; aber auf so einem unbequemen Sitz habe ich auch noch nie gesessen und dies eine gute Weile lang auch noch gespürt!

Zu dieser Reihe von Einladungen seitens der Nicht-Kuhls gehörte auch eine ganz besondere: ins Herz des Outbacks zu June und Gavin, einem noch jungen und sehr gebildeten Ehepaar, in deren großer Bibliothek man sogar Werke von Schiller und Goethe finden konnte.

Um zu ihrer riesigen Rinderfarm 85 Kilometer westlich von Richmond zu gelangen, flog ich von dort mit einer kleinen Postmaschine zum Miniflughafen von Mount Isa, wo ich in einem Häuschen mit offenen Fensterlöchern, durch die jede Art von Insekten flog, an einer Art Küchentisch auf dem einzigen weiteren Möbelstück, einem Stuhl, auf meine Abholerin wartete, die sich erst nach einer Weile einfand.

Eine kleine, unscheinbar wirkende junge Frau, wohl eine Art Betreuerin dieses einsamen »Flughafengebäudes«, schaute aber schon mal vorbei. Sie war offenbar gekommen, um die von der Maschine soeben mitgebrachte Post – ein paar Pakete – abzuholen. Sie bedeutete mir, meine Abholerin (die sie natürlich persönlich kannte) habe sich wohl etwas verspätet, käme aber sicher bald. Also blieb mir nichts anderes übrig, als drinnen in dem Häuschen auszuharren und aufzupassen, dass mich keines dieser Insekten stach. Doch draußen gab es, wie ich feststellte, nicht minder viele, und dazu war es auch noch um einiges heißer. Was macht man in einer so trostlosen und einsamen Situation dann bloß? Dem Getier zuschauen, das war eines; das andere waren meine nie ruhenden Gedanken, denn man will sich ja ablenken.

1995: Am Swimming-Pool von Debbie
(Tochter meines Großcousins Donald) in Chambers Flat/Queensland
(eine Nachfahrin unseres Auswanderers in der 4. Generation)
auf meiner zweiten Reise nach Australien.

Erinnerungen

*I*ch weiß nicht, warum genau, aber plötzlich erinnerte ich mich an eine ähnliche Situation, wo ich mich auch so einsam fühlte; und das war nach meiner Ankunft in Bolivien in La Paz. Die Maschine war gelandet, und die Passagiere eilten förmlich auf das Flughafengebäude zu. Ich blieb immer mehr zurück. Als auch ich endlich drinnen angekommen war, war die Halle schon fast menschenleer. Ich fragte mich, wohin denn so viele Leute so schnell verschwunden waren. Ein dort Beschäftigter riet mir, die Halle doch bitte auch so schnell wie möglich zu verlassen, was ich tat und dann feststellte, dass sich alle deswegen so schnurstracks nach draußen begeben hatten, um noch einen Platz in einer der wenigen verfügbaren Taxen zu erwischen, was mir selbst dann auch im wahrlich letzten Moment gerade noch gelang; denn Bus käme hier keiner vorbei, so sagte man mir.

Diese wenigen Fahrzeuge waren total überfüllt von sich darin regelrecht engstens zusammenquetschenden, schweigenden Leuten und überbeladen mit deren auf dem Dach vom Fahrer verzurrtem Gepäck. Sie fuhren sodann über eine durchgehende Serpentinenstraße so rasant wie möglich und in jeder Kurve jämmerlich quietschend in die tausend Meter tiefer gelegene und fast menschenleere Hauptstadt hinunter. In meinem bereits »verriegelten« Hotel bat man mich, schnellstens hereinzukommen, und ich erfuhr auf Nachfrage, was denn da los wäre, von einem Hotelangestellten, dass wieder einmal Ausnahmezustand und ab 21 Uhr auch Sperrstunde herrsche. Und in der Tat hörte man wenig später draußen rundherum Schüsse. Da beschloss ich, auf eine Besichtigung dieser Stadt zu verzichten, und buchte schon für den nächsten Tag einen Weiterflug. Soweit diese Erinnerung.

Sich das alles vorzustellen braucht aber nicht lange. Meine Gedanken flogen noch zu einem anderen Kontinent: Selbst in einer Stadt wie Dakar im Senegal erging es mir ähnlich. Ich begab mich auf meinem Flug nach Rio bei einem dortigen Zwischenstopp die lange Treppe der Concorde hinunter, um im Flughafengebäude ein paar Postkarten mit Ansichten des Landes zu kaufen.

Die Schnauze meiner Maschine ragte stolz über mir hoch in die Luft, während ich die Stufen hinein ins Gebäude nahm, vorbei an einigen bettelnden offenbar Leprakranken – der Kontrast hätte nicht größer sein können. Doch Postkarten zu ergattern klappte nicht, denn der einzige Beamte war ausgerechnet während unserer Zwischenlandung ununterbrochen mit Telefonieren beschäftigt …

Mein Flug mit der Concord

Auf einer großen Farm

$\mathcal{F}$ür immer noch weitere Erinnerungen verblieb dann aber doch keine Zeit mehr, denn meine Abholerin stellte sich ein und entschuldigte sich für ihre Verspätung; es sei schneller nicht möglich gewesen.

Durch ihre Präsenz kehrten meine Gedanken von anderen Kontinenten wieder zurück zu Australien. Die junge, schöne Frau begrüßte mich herzlichst und fuhr mit mir in ihrem Jeep zu ihrem großen Anwesen »Bundaron Station«, was ungefähr noch eine weitere Stunde entfernt lag. Diese Farm sei, so hörte ich, 110.000 acres groß (1 acre = 1 Morgen = ein Stück Land, das ein Gespann an einem Morgen pflügen kann = ca. 4.000 Quadratmeter). Die größte australische Farm soll übrigens so groß sein wie ganz Belgien! Um ihre Farm zu umrunden, erklärte sie mir, brauche man einen ganzen Tag!

June und Gavin lebten auf ihrem Besitz mit mehreren Gebäuden mit zwei Töchtern und nur einem Arbeiter, mit 8.000 Schafen und einer riesigen Rinderherde, bestehend aus zwölf Bullen und 2.500 Kühen, plus 300 reinen Milchkühen für die Kälber und die Fleischproduktion. Sie besaßen aber nicht, wie die meisten anderen Nachbarfarmer, eine eigene Flugzeuglandepiste (von zwei bis drei Kilometern Länge).

Es war ein faszinierendes Gefühl, solche Einsamkeit zu erleben, in der sich jeden Abend ein wunderbares Schauspiel der Natur vollzog: der sekundenschnelle Untergang eines riesigen, feuerrot glühenden Sonnenballs am weiten Horizont, dem ein fantastisches Abendrot in tieforangen, grünen, lila und dunkelblauen Tönen folgte, nach dem sofort die tiefschwarze Nacht eines überaus sternenreichen Himmels hereinbrach. Dann überfielen auch dort unbeschreibliche Mengen aller Arten von Insekten das Licht ausstrahlende Anwesen meiner Freunde, aber auch seine Bewohner.

Diese sehr lieben Menschen hatten für mich ein einmaliges dreitägiges Programm vorbereitet, das am ersten Tag um sechs Uhr früh mit den lauten Weckrufen ihres Arbeiters auf dem großen Innenhof begann und den ganzen Tag dauerte: ein Mustering, eine Treibjagd, bei der alle Tiere ihrer riesigen

Rinderherde durch die berittenen Cowboys, darunter auch benachbarte Farmer, gleichfalls »stockmen«, von ihren vielen Paddocks (Koppeln) zusammengetrieben wurden, um sie auszusortieren. Ein Paddock umfasst übrigens bis zu 10.000 Acres (40,47 Quadratkilometer), und jede Kuh benötigt davon 30 bis 40 Acres! – Pferde, Traktoren und ein Jeep mit mir und June sorgten dafür, dass sich die vielen Tiere in die gewünschte Richtung vorwärts bewegten, wobei auch manchmal miteinander streitende Bullen zu trennen waren. Alle wurden in ein weit am Horizont gelegenes Gatter getrieben und voneinander getrennt. Den Jungtieren wurden sodann nach einem vom Staat vorgegebenen Muster die Ohren beschnitten und in ihr Fell wurde als Erkennungszeichen ein Stempel plus der Jahreszahl eingebrannt. Einige Jungbullen wurden kastriert, also in Ochsen verwandelt, indem man ihnen die Hoden wegschnitt, die diese urigen Männer abends frisch gegrillt verzehrten …!

An einem weiteren Tag fuhren wir zu einem Sheep shearing. Da waren flinke Männer damit beschäftigt, wie im Akkord Unmengen von Schafen zu scheren – je Mann, hieß es, 100 pro Tag –, deren Wolle nach entsprechender Sortierung in den Handel gelangte.

An einem dritten Tag fuhren wir zu einer Nachbarfarm, bloß (!) 50 Kilometer weit entfernt, wo man einen »Fun-Day« feierte und alte europäische Spiele, wie zum Beispiel Besenwerfen, Stiefelwerfen etc. aufleben ließ, während die Männer über uns in kleinen Sportmaschinen rasante Loopings vollzogen – alles Beschäftigungen, die die große Einsamkeit im Outback zu vertreiben helfen. Da verstand ich, als ich ging, dass June bittere Tränen weinte: Sie musste bleiben, ich konnte gehen …

In Westaustralien und Neuseeland

$\mathcal{D}$amals fehlte mir noch, Westaustralien kennenzulernen, und da wollte ich mit Perth beginnen. Von dort aus buchte ich Ausflüge in den Süd- und Nordwesten. Dazu gehörte eine Fahrt zu den Pinnacles und in die Sanddünen, wo etwas ganz besonders Interessantes angeboten wurde: Man konnte mit einigen anderen Besuchern in einem Spezialjeep, der von einem erfahrenen Fahrer gesteuert wurde, eine Düne hoch hinauffahren, dann über deren Kante hinweg- und auf der steil abschüssigen anderen Seite aus dieser großen Höhe hinunterfahren, natürlich urlangsam und urvorsichtig. Das war schon ein rasantes Abenteuer, das Mut erforderte, aber auch viel Vertrauen, denn wie leicht hätte etwas passieren können … Da war die Fahrt mit einem Unterseeboot durch die bunte Fisch- und Korallenwelt des Great Barrier Reef, die ich auf einer früheren Australienreise erlebte, im Vergleich damit eher harmlos, wenn auch wunderschön.

Als ich am Ende meiner Reise die beiden neuseeländischen Inseln besuchte, wollte ich mir zwei Fortbewegungsmittel, die ich noch nicht kannte, unbedingt auch noch gönnen: einen Flug mit einem Hubschrauber über Vulkane hinweg und einen Flug mit einem Wasserflugzeug über die Höhen verschneiter Berge, einschließlich einer Landung auf einem Gletscherdach.

Wenn ich an Berge denke, fallen mir als Spanienliebhaberin natürlich auch die herrlichen Vulkanlandschaften der Kanaren ein, besonders die des Teide auf Teneriffa sowie die bizarren Lavagebilde auf Lanzarote, und mein Ritt auf einem Kamel.

Doch das Nonplusultra aller meiner Fortbewegungsmittel und Erinnerungen war natürlich mein Flug mit der Concorde von Paris nach Rio, jener imposanten Superschallmaschine, mit der ja meine große Lateinamerikareise begann.

Nachwort (Empirisches)

Der Worte sind – quasi von Alpha bis Omega – genug gesprochen; lasst uns nun nach dieser ganzen »Ent-deckung« zum Ende kommen!

Als Fazit meines Lebens kann ich nur sagen: Ich bin sehr dankbar für alles, was mir an Genen und Gaben in die Wiege gelegt wurde und was mir Freunde und andere gaben. Und ich danke auch all meinen guten Vorbildern, von denen ich gute Anregungen bekam.

Ich selbst habe versucht, aus alledem das Beste zu machen, Chancen zu nutzen, Ziele zu erreichen und, soweit ich es vermochte, an andere einiges weiterzugeben. Das wollte bewältigt sein!

Aus meiner Einfachheit heraus fand ich den Weg zu viel Schönem, sah, erkannte, erlebte und setzte einiges um – in vielfältiger Weise –, stecke voll wunderbarer Erinnerungen und wurde glücklich und zufrieden.

Wie lautet doch noch der Titel eines Buches des chilenischen Lyrikers Pablo Neruda? »Ich bekenne, ich habe gelebt«

Schließlich hat man ja auch nur ein Leben; also gilt es, dieses zu verwirklichen und sich danach erfüllt zu fühlen. Also, Leute, macht auch Ihr was aus dem euren!

Ich hoffe nur, dass mir noch genügend Zeit vergönnt bleibt, um all das, was ich ansonsten noch im Kopf habe, zu realisieren. Für weitere Bücher gibt es bereits reichliche Notizen! Doch das Alter schreitet vorwärts und die Jahre nehmen ab wie Kalenderblätter.

Von dem römischen großen Redner Marcus Tullius Cicero stammen aber auch diese Worte:

Alter ist nur geehrt unter der Bedingung,
dass es sich selbst verteidigt,
seine Rechte behält,
sie niemandem unterordnet
und bis zum letzten Atemzug
die eigene Domäne beherrscht.

Und wie heißt es, um auch dies noch anzuführen, in der mir seit meinen Kindheitstagen so vertrauten Bibel, dort im Alten Testament im Psalm 90, 10+12?

> *Unser Leben währet siebzig Jahre;*
> *und wenn's hoch kommt,*
> *so sind es achtzig Jahre;*
> *und wenn es köstlich gewesen ist,*
> *so ist es Mühe und Arbeit gewesen,*
> *denn es fähret schnell dahin,*
> *als flögen wir davon.*
>
> *Herr, lehre uns bedenken,*
> *dass wir sterben müssen,*
> *auf dass wir klug werden!*

Und nun zum Abschluss noch einige Bilder
zu schönen Privatfeiern.

1994: Bei einer privaten Fete der DIAG auf einer Hofreite in Petterweil,
mit Frau von Hase-Köhler

*1983: Bei einer Familienfeier in Ruppertsburg/Oberhessen
mit einem der Brüder meines Vaters (Onkel Willi/Mainz)
1 Jahr vor meinem 50. Geburtstag*

1998: Bei mir zu Hause, mit Freundin Gisela L.

1999:Im Lokal Wessinger- mein 65. Geburtstag,
hier mit früheren Austauschschülern der Schillerschule.
Peter P. aus Neu-Isenburg (rechts) und
Lui Martín Días aus Alcalá de Henares/Spanien.

2004: Kurz nach meinem »Schul-Abschluss«:
Foto von meinem 70. Geburtstag

2008: Im Lokal Wessinger, ein Jahr vor meinem 75. Geburtstag

2014: Im Lokal Wessinger: mein 80. Geburtstag.
Zwei Studenten der Frankfurter Hochschule für Musik geben ein kleines
Klavierkonzert. Zu Besuch: Bürgermeister Herbert Hunkel

2019: Kurz vor meinem 85. Geburtstag